五彩校园文化艺术活动丛书

校园牌技类活动指导手册

陈丽华 ◎编著

 吉林出版集团股份有限公司
全国百佳图书出版单位

前言
PREFACE

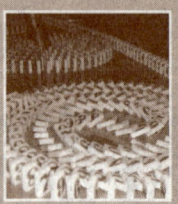

  在党和政府的要求下，长期以来，学校文化艺术活动作为学校教育教学工作的一个重要组成部分，不仅是广大青少年建立兴趣爱好和成材的重要途径，而且是学校德育工作发挥巨大作用的主要因素。营造丰富多彩的校园文化，为广大青少年开拓广阔的成材之路，这是加强素质教育的要求，也是培养青少年未来实现中国梦想的要求。

  学校开展形式多样的文化艺术活动，能够使广大青少年达到开阔视野、陶冶情操、增长才智、提高素质、沟通人际、适应社会以及改善知识结构和掌握实用技能等方面的效果。在这些文化艺术活动中，广大青少年通过接受不同形式、不同内容的有益教育，能够起到潜移默化的作用，这对造就和培养有理想、有道德、有纪律、有文化、适应中国复兴和实现中国梦的新一代人才有着十分重要的作用。

  因此，越来越多的学校对于开展丰富的文化艺术活动和营造浓郁的校园文化环境给予了越来越多的投入和努力，学校里的音乐队、合唱团、舞蹈队、书画社、兴趣小组等，简直琳琅满目。因此，校园文化艺术活动的组织策划与指导就显得十分重要了。这就需要坚持先进文化的正确方向，以育人为根本目标，努力发展符合实际需要、并为广大师生喜闻乐见，且具有实效的校园物质文化和精神文化体系，真正营造五彩校园的文化氛围。

为此，根据党和政府有关政策和部门的要求以及国内外最新校园文化艺术的发展方向，特别编撰了《五彩校园文化艺术活动》丛书，不仅包括校园文化艺术活动的组织管理、策划方案等指导性内容，还包括阅读、科普、歌咏、器乐、绘画、书法、美化、舞蹈、文学、口才、曲艺、戏剧、表演、游艺、游戏、智力、收藏、棋艺、牌技、旅游、健身等具体活动项目，还包括节庆、会展、行为、环保、场馆等不同情景的活动开展形式等，具有很强的系统性、娱乐性、指导性和实用性。

本套丛书适当配图，图文并茂，设计精美，格调高雅，不仅是广大学校用于开展丰富文化艺术活动的最佳指导读物，也是大中小学学校领导、教师，在校大中小学生、研究生、博士生以及有关人员学习的最佳实用读物，还是各级图书馆珍藏的最佳版本。

目录 CONTENTS

N01. 校园牌技活动指导

牌技活动概述 002

牌技活动的重要性 006

校园牌技活动的指导 008

N02. 校园扑克牌类活动指导

扑克的基础知识 012

扑克的行牌准备 018

扑克的流行玩法 031

扑克的单人玩法 067

扑克的双人玩法 094

扑克的多人玩法 116

NO3. 校园桥牌类活动指导

桥牌的起源..................160

桥牌的特点与基本知识.....163

桥牌的基本玩法...............166

桥牌与各学科的关系.........170

NO4. 校园多米诺骨牌活动指导

多米诺简介与发展史.........176

多米诺骨牌的玩法.............179

NO1.校园牌技活动指导

牌技活动概述

牌技的禁忌

麻将牌、扑克牌都是非常有趣的娱乐活动,由于这两种游戏不仅具有艺术性,而且有很强的趣味性,所以令人们久玩不厌。但是,在玩牌的时候还需注意切忌玩物丧志。

麻将牌、扑克牌虽有益于人体身心,但玩的时间也不宜过长,一般每次1小时即可,每天不要超过1~2次。切不可通宵达旦、废寝忘

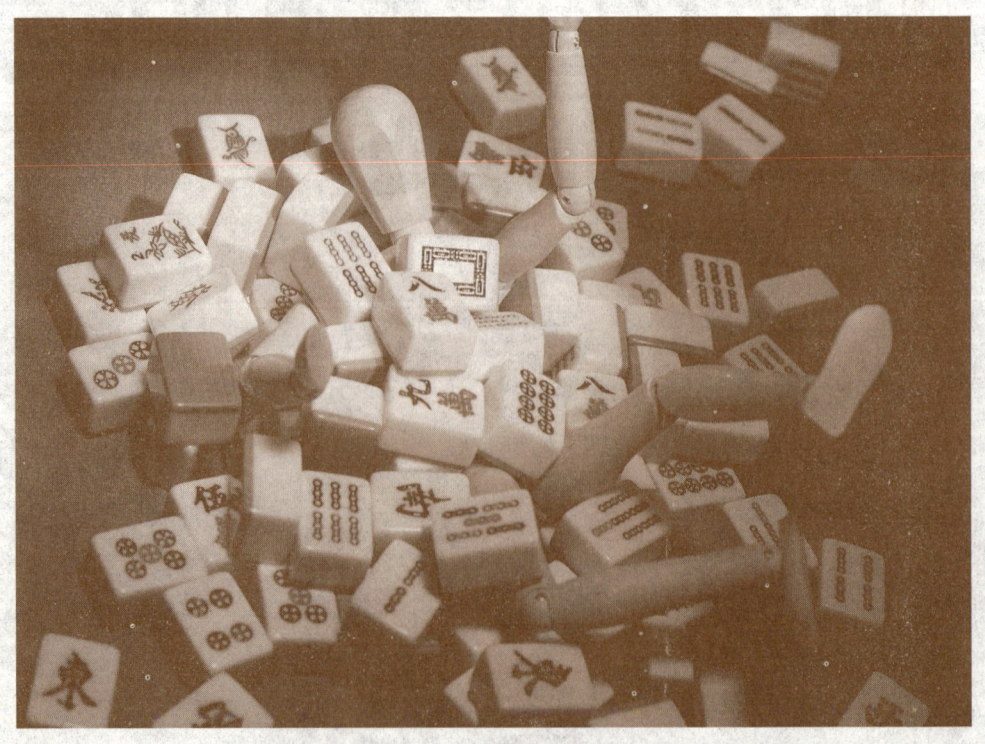

食,从而影响休息和工作,损害身心健康。

有些人将麻将、扑克与赌博连在一起,甚至由此堕落,并走上犯罪的道路,显然也违背了玩麻将、扑克牌的养生意义。

所以奉劝玩牌者:玩牌有节,玩牌有度,适可而止。

牌的玩法

1、斗地主

该游戏由3人玩一副牌,地主为一方,其余两家为另一方,双方对战,先出完的一方胜。

2、扎金花

游戏参与人数2~6人,使用一副去掉到大小王的扑克牌,共52张牌。牌型的比较:豹子>顺金>金花>顺子>对子>单张。

3、梭哈

一副牌中四种花色的8、9、10、J、Q、K、A共28张牌,牌型比较:同花顺>铁支>葫芦>同花>顺子>三条>二对>对子>散牌。

4、牛牛

4人游戏,采用一副牌进行,每人发5张牌。牌型大小比较:黑桃>红心>梅花>方块。

5、宣和牌

宣和牌共有32扇牌,每扇牌都由骰子的两个面拼成。由庄家分牌。若4人游戏,则每人8扇牌,3人游戏则去掉8扇"杂牌",杂牌为:么回、二三、二五、三四、三六、四五、二六、三五。剩下的24扇,每人也分8扇。

各人抹牌完毕,末家率先打牌,末家手中牌若已成副,则可亮牌;不能成副,则打出一扇自己认为无用的牌。

下家可以吃进此牌,同时打出一扇牌。这样依次打下去,谁成副谁亮牌。亮牌后,大家比注,"注"就相当于现在所说的"分",注

多者胜。

6、除红谱

先用一个骰子比点数，按各人所得点数排出名次。以得四红者为第一，以下按点数多少排列。

按着名次，用四个骰子掷。每次掷出的四面可组成一个小图，这些小图可分为"赏色"、"罚色"、"赛色"三类。以红四为主，不参加计点数，而以其余的幺、二、三、五、六这五色计算。

所得点数之和在八点以下皆为"罚色"，十三点以上者为"赏色"，中间九点到十二点除去"柳叶儿"、"十二时"两谱之外，皆为"赛色"。

凡掷出双红四的，除去"红叶儿"、"节节高"之外，都叫"强红"，无效。反之，如果没有红四，除去"浑花"、"素叶"之外，都叫"散色"，也无效。

掷得"赏色"者，有权继续掷。

掷得"赛色"者，则下家与其比赛。"赛色"就是比点数。

掷得"强红"、"散色"者停掷，轮到下家掷。

赛色时，需记住上家点数。下家若掷得"强江"、"散色"则无效，仍需再掷，直到掷得"赏色"、"罚色"才行。

赛色时，比上家少一点的叫"踏脚"，罚二帖。赛出"罚色"在三帖以下的（包括三帖），除本帖之外加罚一帖，如"白七儿"为罚色，按谱当罚一帖，此时则加罚一帖，共罚两帖。

赛出"罚色"在四帖以上时，依谱按本帖罚，不再加罚。

赛色时，点数与上家相同，叫"赶上"，赏下家一帖。如上家本为九点，此时又自掷得"柳叶儿"（即四、三、三、三、四点除去不计，亦为九点），则罚上家四帖。

赛色时，下家多一点，叫"压倒"，赏二帖。赛出"赏色"在三帖以下的，在本帖上加罚一帖。赏色在四帖以上者，按本帖罚，不再加罚。

赛色时多二点、三点者，只赏一帖；少二点、三点者，只罚一帖。

掷骰时，若有应掷未掷者，罚下家三帖，以惩其监督不严；有不应掷而掷者，罚上家五帖，以惩其有意逃避。

以上所说的"帖"，犹如"注"一样，是博戏时胜负的表记。

游戏开始时，每人出若干帖，作为"公帖"，凡掷"赏帖"的，所赏之帖均由"公帖"出。凡"赛色"时的罚帖，则由赛输的一方出帖给赢方。

牌技活动的重要性

牌技是一种游戏，也是一种竞技，大都简单易学、雅俗共赏，既有趣味，又颇具技巧，具有明显的益智健脑、健身作用。

牌技是集科学性、知识性、竞技性、趣味性于一体，以脑力运动为主的活动，老少咸宜，可提高人的记忆力和大脑思维的能力，培养人们良好的品德修养和紧密协作、适应环境的团队精神。

锻炼思维，启迪智慧

玩牌能培养人们独立思考的能力，锻炼思维，启迪智慧。对阵双方完全是在平等的情况下调兵遣将，逐鹿沙场的，最后胜利的归属偶然性较小。在这个过程中，参与者通过发挥主观能动性，使逻辑性和辩证法也得到增强。游戏中每一步都是判断、推理、计算和决策的过

程。比如说围棋，它以军事辩证法为基础，需要把计算能力、默记能力、分析能力、战略战术巧妙地揉和在一起，很能启迪人的智慧，有助于益智、健脑和养志。

提高人际交往能力

在打牌的过程中，有许多时候需要具备战略的眼光，有整体协调的能力，这些在对峙中培养出来的协调能力离开棋局后也是十分有益的，将它活学活用，可引导协调人际关系，更好地适应社会环境。

提高人品，协助康复

玩牌除了可获得精神上的快感外，还能够修身养性，即平时所称的棋品和牌品。它们又是人品的缩影，使人跳出单纯竞赛、调节情绪、益智健脑的圈子，胜不骄、败不馁，而步入高雅的娱乐、道德之列。现在一些养生保健机构设立的娱乐厅中，专门设有各种牌类，供调养康复者娱乐健身之用，使牌技步出一般消遣行列，而为养生康复、提高人品服务。

益寿延年抗衰老

牌技类活动能锻炼人的思维，提高智力，延缓衰老，充实人们的精神生活，既可内愉心智，又能外修身形。玩牌时的专注和投入能起到气功练习中的调息、吐纳等作用，还有助于提高记忆力，对人的益处不可谓不大。尤其是老年人，由于其生理原因，脏腑功能日渐衰退，脑髓肾精虚亏不足，思维记忆、智力反应已然不如从前，倘若能经常玩玩牌，促使大脑思维智能不断地运用，必将对延缓衰老、防止大脑功能的退化十分有益。

校园牌技活动的指导

开展校园牌技活动,首先要有明确的培养目标,即学校要根据师生特点、教育资源及教育者的办学宗旨,确立自己独特的发展方向。它反映的是学校的个性,体现的是学校的特色及校园文化建设。

保证设施、师资、教材开发

开展校园牌技活动是实施素质教育的要求。课程是学校教育教学工作的依据和载体,学校课程的开发,有利于改变学生的学习方式,为学生提供学习过程中的空间选择和内容选择,体现教育内容的多元

性和选择性。

为了每节牌技课都有教师指导，使每位教师成为指导者，学校应该每学期组织全体教师进行牌技类培训，使每位教师至少掌握一种牌技的方法、技巧。同时，学校应该对有牌类爱好的教师大胆启用，大力培养，让教师到最适合自己的岗位上去。

探索、优化课程教学过程

在牌类活动中，参赛者通过方寸天地的拼搏，胜败各半，胜者不骄败者不馁，学生在打牌的过程中人生会受到潜移默化的影响。为了使牌类教育真正落到实处，就要在牌类课堂上进行积极的探索与实践。

在课堂中，教学过程无时无刻不伴随着每个人。教学中的每一个过程应该是统一而又综合的，要努力优化教学过程。同时也要讲究牌类教学方法，尽量采用形象的教学方法让学生对牌类始终如一地保持浓厚的兴趣，同时充分发挥学生的主体作用，让学生多动手，多参与，通过实战锻炼并提高学生的牌技水平。

积极营造浓郁校园文化

优美的艺术氛围，是实现牌类特色学校创建全过程艺术化的必备条件和重要因素。要努力改善校园环境，营造牌类特色氛围，如：布置牌室，使牌室的布置优雅大方；开辟牌类园地，在黑板报的一角长期以牌类或牌类文化作为主题，内容为牌类故事、牌界名人奋斗事迹等。

努力提升学校办学品位

开发牌类校本课程，创建牌类特色教育，打出自己的品牌，是学校实施素质教育的成功之举。学校应该把牌类培训作为学校开发校本课程的龙头，积极探索由学校、教师、学生及家长共同参与，采用实践、评估、开发的课程开发模式。认真总结以往开展牌类培训的经验、体会和教训，从学生的需求出发，建立了评估体系，积极组织实施，并不断改进、完善。

NO2. 校园扑克牌类活动指导

扑克的基础知识

扑克的起源与发展

扑克是一种用纸牌来玩的游戏。相传远在周朝初期,年幼的周成王曾在宫庭中与弟弟叔虞玩过一种"削桐叶为圭"的游戏。这大概就是最早的扑克游戏,只不过那时尚未发明纸张,而是以树叶代替的。

唐、宋时代,我国的祖先发明了一种纸牌,既可游戏,亦可赌博,称"叶子戏"。也有传说这种"叶子戏"是大将军韩信发明的。当时,韩信为了使士兵减少乡愁,在军中教军士们用一种纸牌娱乐,因其只有树叶大小,故称之为叶子戏。不久,叶子戏就传至民间,上自文人学士,下至平民百姓,均乐此不疲。

13世纪时,著名旅行家马可波罗把这种纸牌游戏带到了欧洲,立刻引起了西方人的极大兴趣。一开始,它只是贵族们的奢侈品,但是因为它造价低廉、玩法多样,又容易学,很快就在民间流行开来。

后来西方人根据天文学中的历法,把这种纸牌游戏卡片统一内容,定为54张,4种花色。这样,经过长时间的演变,逐渐趋于一致。

现在的扑克不仅有纸制的,还有许多其他材质的。有景泰蓝包金的扑克、金箔银箔做的扑克、水晶扑克、玛瑙扑克、象牙扑克、象骨扑克、牛角牛骨扑克、竹制扑克、有机玻璃扑克、玻璃钢扑克……

这些扑克牌都是用来收藏的，很少用来打。比如玛瑙扑克、象牙象骨扑克、牛角牛骨扑克虽然都被做成了麻将的形状，但玩的时候还是扑克的玩法。另外还有许多异型扑克，如圆形、圣诞树形、鞋形、三角形、雪人形……

扑克的称谓与含义

扑克牌有4种不同的花色。黑桃，花色的符号为矛头形；方块，花色的符号为钻石形；梅花，花色的符号为三叶草的叶片形；红心，花色的符号为心形。

这4种花色是古代卜巫用具上的符号：黑桃人头牌和10张点数牌。点数牌中的A在一般情况下是最大的牌，在A之下依次为K、Q、J、10、9、8、7、6、5、4、3、2。K通常表示国王，Q表示皇后，J代表侍卫。

中国人将4种花色理解为春、夏、秋、冬四个季节；

法国人将4种花色理解为矛、方形、丁香叶和红心；

德国人把4种花色理解为树叶、铃铛、橡树果和红心；

瑞士人将4种花色理解为橡树果、铃铛、花朵和盾牌；

英国人则将4种花色理解为铲子、钻石、三叶草和红心。

为什么要以这4种图案作为扑克牌的花色，历来说法很多。比较集中的说法有以下两种：

一种是说这四种花色代表当时社会的四种主要行业，其中黑桃代表长矛，象征军人；梅花代表三叶花，象征农业；方片代表工匠使用的砖瓦；红心代表红心，象征牧师。

另一种是说这4种花色来源于欧洲古代占卜所用器物的图样，其中黑桃代表橄榄叶，象征和平；梅花为三叶草，意味着幸运；方片呈钻石形状，象征财富；而红心为红心型，象征智慧和爱情。

扑克牌的54张模式解释起来也非常奇妙：

大王代表太阳、小王代表月亮,其余52张牌代表一年中的52个星期;

红心、方片、梅花、黑桃4种花色分别象征着春、夏、秋、冬4个季节;

每种花色有13张牌,表示每个季节有13个星期。

如果把J、Q、K当作11、12、13点,大王、小王为半点,一副扑克牌的总点数恰好是365点。而闰年把大、小王各算为1点,共366点。

专家普遍认为,以上解释并非巧合,因为扑克牌的设计和发明与星相、占卜,以及天文、历法有着千丝万缕的联系。

从数学角度看,扑克牌也有一定的规律性,扑克游戏有章法可循,又能变幻无穷,因而久盛不衰。

扑克牌中的K、Q、J也有来历。曾有传说认为,亨利八世是4张K的图案的模型。现存最古老的英国扑克牌的四张K的人像图案上,都有与亨利八世一样的卷曲的、向两边分开的小胡须和络腮胡子。又传说4张Q上的人像图案的模型,很可能是约克王朝的伊丽莎白皇后,即亨利七世的皇后。法国扑克牌的制造一直是沿着各个厂商自己的路线发展的,到了1813年政府颁布了一个官方批准的设计,对于每一张人头牌都给予名称,直到今天还有很多扑克牌沿用这种名称。

扑克牌的名词术语

扑克牌中的名词术语种类繁多,不同的玩法有不同的术语,以下介绍一些常用的名词术语:

1.座位

打牌者在牌桌上的位置。有2人的、3人的、4人或6人的,一般是对坐或围坐在一起。

2.牌手

在牌桌上打牌的几个人中的任何一人;或者在桥牌桌上打牌的两

对对手中的任何一人。

3. 对手

与本方对抗的比赛人或队。

4. 洗牌

将牌混合，并打乱该牌原有的秩序。

5. 切牌

也叫"倒牌"、"搬牌"。防止洗牌人作弊，洗完牌后，再将牌，由上向下倒一下。

6. 出牌

亦称首攻，是指打牌过程中，拿牌到手后，带头打出来的一张牌。有时在一轮中首先打出来的一张牌也叫出牌。

7. 跟牌

出牌之后，另外的人跟着打出来的牌。

8. 将吃

对打出的将牌以外的副牌花色的牌用将牌来赢进。

9. 垫牌

在出牌过程中，出一张无用的牌（在规则允许的情况下）。

10. 逼出

强迫对方打出一张大牌，即攻出或跟出一张足够大的牌，迫使对方用最大的一张牌来赢进；或连续打出这样的大牌，直到对方用最大的一张牌赢进为止。

11. 打死

表示捉死或捉住；剥夺掉一手牌可能有的任何进张，使之变为死牌。

12. 缺门

原始的一手牌中，缺某一花色的牌。

13. 将牌

也叫主牌。有将定约中，一种特定的、级别高于其他花色的牌。将牌中最小的牌也要比其他花色牌中最大的牌大。

14.副牌

有将定约中，除将牌之外其余3种花色的牌。这3种花色之间，无高低之分。

15.分数牌

在以计算分数为取胜手段的游戏中，带有分值的牌。如"百分"中的"5、10、K"，"拱猪"中的"黑桃Q、方块J、13张红心牌"等等。

16.连张

又称"顺子"。两张以上的、级别相连的牌。例如：A、K、Q（3连张）；10、9、8、7（4连张）；7、6、5、4、3（5连张）。在有些牌戏中，同花色的连张牌要大于不同花色的级别更高的连张牌。如方块3、4、5三连张要大于方块K、红心Q、梅花J三连张，这里的方块3、4、5三连张称为"同花顺子"。

17.牌墩

一人首攻后，其余几人依次各打出一张牌，这样的几张牌即构成一个牌墩。

18.底牌

通常为牌手抓剩下的、专门供庄家（也称主打人）打牌时调换用的牌。

19.配合

玩牌时，同一家牌手之间的默契合作。

20.态度

一个牌手对其同伴攻击或继续攻出的花色，所显露出的高兴或不高兴的表示。

21.机会

所有各种牌中显现出的与幸运或厄运有关的因素。

22.分析

对打牌情况的估计。

23.牌感

在牌戏中，特别是在桥牌中牌手的一种特殊的才能。

24.次牌

一手牌中某些特别无用的牌张。

25.牌风

玩牌过程中的作风，包括道德、礼貌等等。

26.犯规

牌手违反规定或精神的行为。

扑克的行牌准备

扑克庄家的确定

在扑克游戏中,决定庄家的方法一般有三种。第一种是抽牌决定,即由参加者从扑克中各抽一张牌,数字最大的人就是庄家。例如抽出的牌是K、J、10、5,抽到K的人就是庄家。第二种是按方向决定,玩家四方坐定,由坐东者先当庄家,然后依次为南、西、北,轮流坐庄。第三种是以切牌来确定,每个人可以切牌一次,上半部分的最下一张牌点最大的就是庄家。

在玩牌开始以后的局次中,决定庄家的方法通常有两种:前次比赛中的赢家当庄家;前次比赛中坐在庄家右边的当庄家。

扑克的洗牌技法

在玩扑克牌时,洗牌是首要任务,同时也是实战中最重要的一个环节。下面就介绍几种常见的洗牌方法。

1.交叉洗牌法

这是一种为大家熟知且应用广泛的方法,因此,每位爱好者都需要达到熟练掌握的程度。

右手拇指放于牌的一端,食指则顶在牌的背面,其他三指放在另一端,这样就握住了整副牌,如图①所示。左手拇指在整副牌的大约一半处把牌分开,左、右手各持一半牌,如图②所示。

人左手握牌的姿势和右手一样。待两手都准备好后,左右手分别

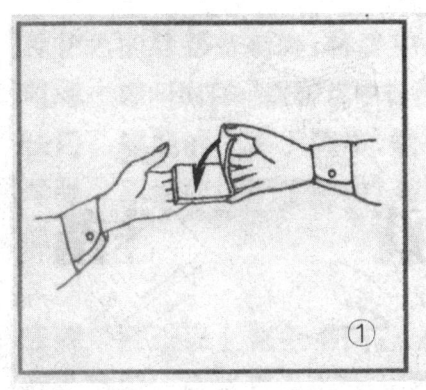
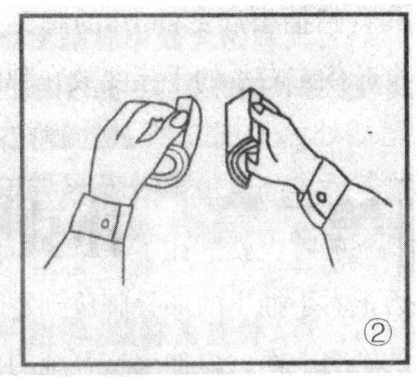

把牌贴于桌面上，把牌的前端放于能够互相重叠的位置，然后双手同时使牌一张张交叉落下。

所有的牌都落下后，双手把交叉的牌往中间推挤，然后把牌弄整齐，这样牌就洗好了。

2.上下洗牌法

左手拿一副牌，如图③所示，手指放在合适的位置，这时牌要稍微向上倾斜。然后，右手把左手中约2/3的牌抽出来，再放到左手的牌上面，如图④所示。这样不断重复着，直到将牌洗好。

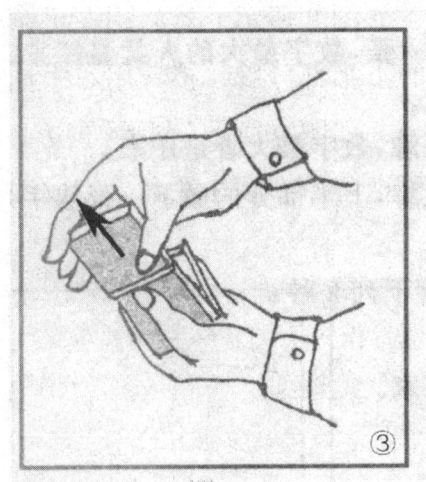
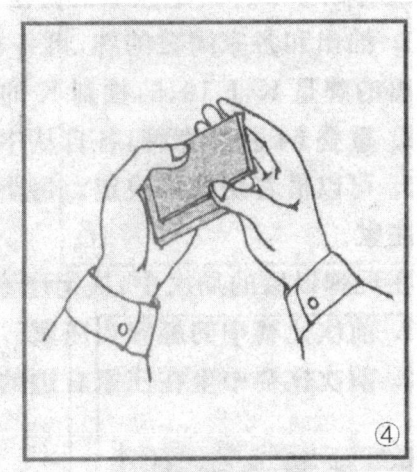

3.平拉式洗牌法

左手拿牌，拇指和其他4指分别放在牌的长边上。然后用右手拇指和食指抽出底部约3/4的牌,这个时候,右手的手指要放在牌的尾端处,如图⑤所示。牌拉出后,左手的手指稍微放松,那么剩下的牌也就落在了手掌中。然后把右手抽出的那叠牌放到左手的牌叠上面,再抽出这叠牌的大部分,左手里只留下一小部分。左手稍微松开,把那剩下的一小部分落下来。左右手不断重复上述动作,完成洗牌。

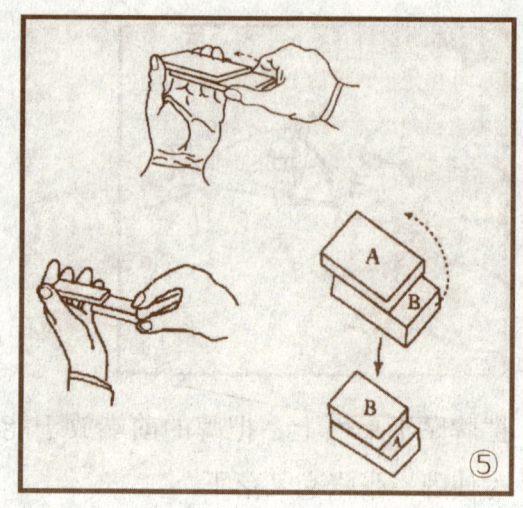

4.印度洗牌法

这种方法最初是因印度魔术师在欧美表演经常使用而得名。左手拿牌,如图⑥所示。右手拇指、食指和中指拿着牌的下半部分,并将这部分牌抽出来,如图⑦所示。接下来把抽出的这部分牌放到左手牌的上方,同时放松左手,使上半部分牌掉落到左手里,如图⑧所示。然后用左手拿着右手抽出的下半部分牌,接着用右手抽出中间的部分,如图⑨所示。不断重复上述动作,即可把牌原有顺序洗乱,完成洗牌。

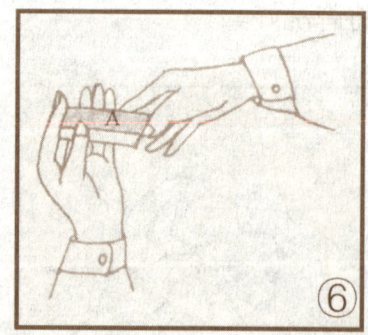

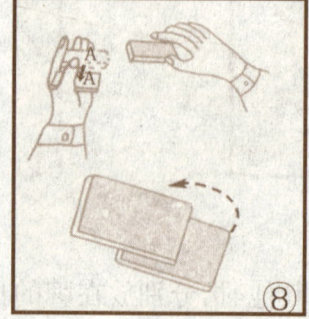

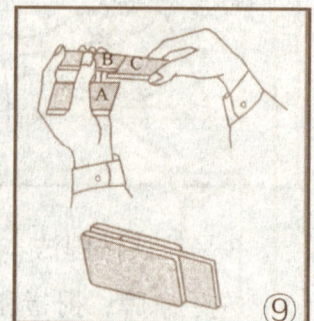

5.利伏六洗牌法

这是一种让人大开眼界的洗牌方法。它是学牌技者的必修课。这种洗牌法有不同的手法,下面只对标准手法进行介绍。

右手拿牌,拇指放在牌的前端,食指稍微弯曲并顶在牌的背面,其他3指放在另一端。然后伸开左手,4指并拢,手心向上,把牌放在四指的前端,这时右手拇指慢慢放松,使牌的下半部分落在左手上,如图⑩所示。

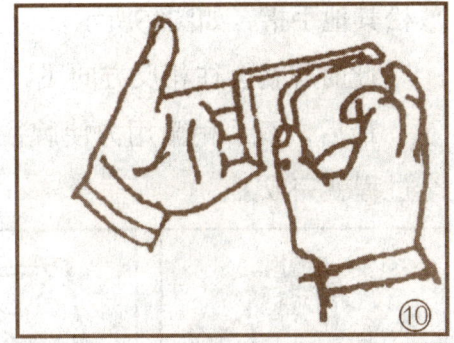

左手食指的指尖放于左手牌的背面,如图⑪所示。左手的中指、无名指、小拇指弯曲,在右手帮助下,把左手中的牌竖起来,如图⑫所示。

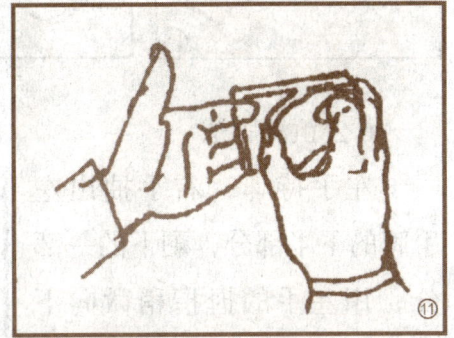

左手拇指放在左手牌的上端。这时,食指放于牌的背面靠中部位,这时,左手的动作与右手基本相同,如图⑬所示。

两手分别用力,将牌弯曲成相同的弧度,除拇指外,其余4指都保持弯曲,使得两手牌的上端正对着,如图⑭所示。

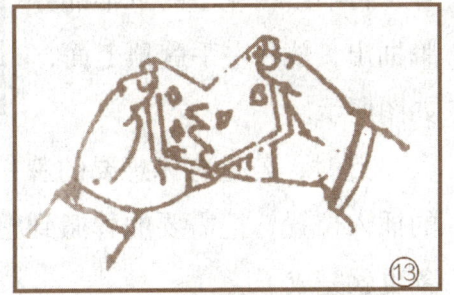

伸出食指,并与其他3指并拢。这时,拇指的力量要控制好,并慢慢

放松其他手指，如图⑮所示。

此时牌就会往相反方向飞，并依次叠在一起。如图⑯所示。

最后，双手稍微用力使牌往中间推挤，如图⑰所示。这样，洗牌全过程就完成了。

⑮

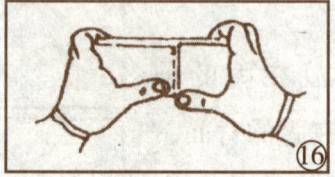
⑯

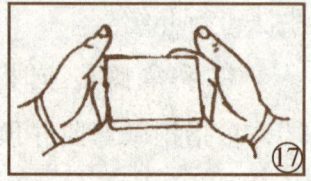
⑰

6.公正洗牌法

左手持牌，右手抽出左手牌的下半部分，剩下的一部分，用左手的拇指稍微向下压。

然后，将下半部分牌放在左手的牌顶上面，左手拇指插入两部分牌之间，让两部分开，再继续将左手的下半部分牌抽出，放在左手牌顶上面，如图所示。

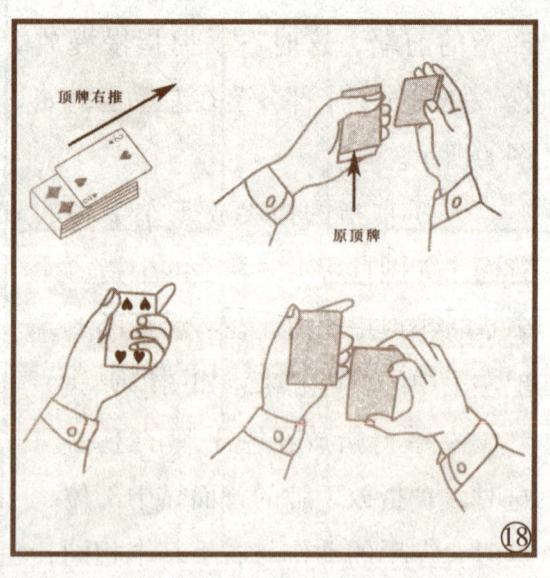
⑱

此时，若是有你想要的牌，在两部分牌互相交换前，来改变拇指的插入位置，把需要的牌搬到整副牌的顶面或底面，那么你的洗牌任务也就完成了。

7.顺序洗牌法

不管手中有多少张牌，在抽洗牌时，首先将下部分的牌拿到最上面，或是拿一张，或是拿一叠，但必须均匀。

要注意的是，不能从牌的中间直接抽牌，或将抽出的牌插入中间

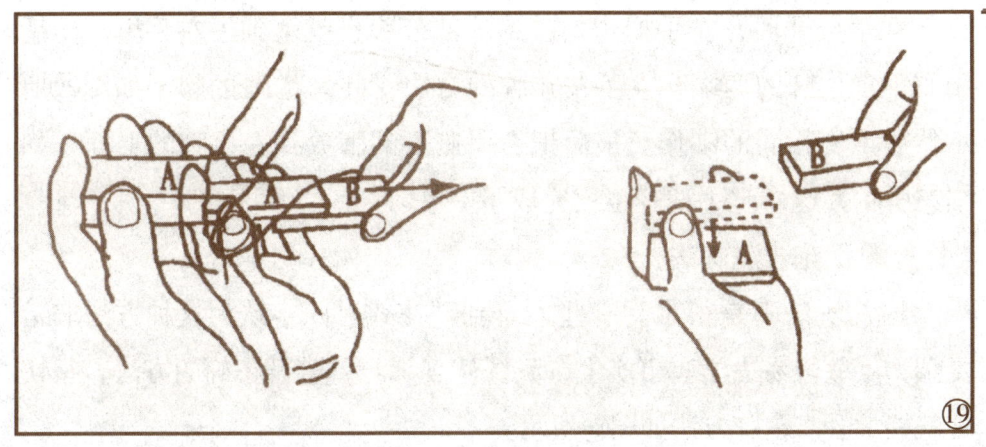

去，这是最重要的一点。

此法洗牌，这叠牌原来的顺序没有变化。

此法多用在魔术表演中，如图⑲所示。

8.过手洗牌法

这是洗牌方法中比较简单的一种，很容易学会。洗牌时任意控制一张牌而不会被其他人发觉。这是扑克游戏中不可缺少的一种洗牌技法。

右手拇指和其他4指拿着牌的两端，如图⑳所示，左手拇指按住牌的右边靠上一些，顺便勾住一叠牌（约占整副牌的1/3），其他4指准备接牌，如图㉑所示。

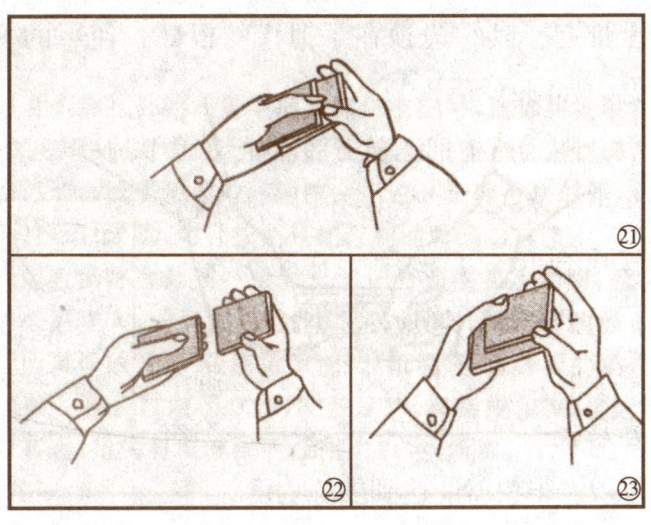

双手分开后，左手拇指勾去的那部分牌也就落到了左手里。然后用右手拿住牌的两端，左手按在牌的右边，并勾住1/2的牌，如图㉒所示然后重复相同的动作。最后把右手剩下的牌放到左手牌的上面，如图㉓所示，这样过手洗牌也就完成了。

9.单手花式洗牌法

这种玩法不是很难。有些人看到"花式"两字认为这种方法非常复杂，不敢轻易去学。事实上，只要认真练习，遵循正确的方法，很快你就能学会。拿牌方法如图㉔所示。

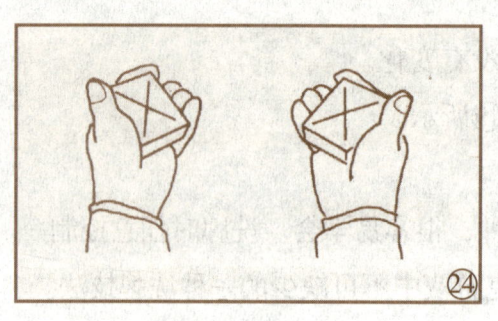

牌底对着掌心，牌的背面向上，拇指贴于牌的左边靠上一些。中指、无名指、小指贴在牌的右边。中指处于中心线上，小指放在牌的底端，以防牌滑落。大约在中间的地方，用拇指分开，把下半部分的牌落在手掌中，我们称这部分牌为甲，留在手指上的牌为乙。

食指离开原来的位置，稍微向下弯曲，并贴着甲的底端。把甲往上推起，其一边顶在了拇指的根部，使甲的另一边与乙成为直角状态，如图㉕所示。

随后拇指把乙放开，变成拿着甲的姿势，食指伸开后，乙也就落在了手掌上。最后松开甲，使两叠牌重合起来，洗牌工作也就完成了，如图所示㉖所示。刚学会此洗牌法时，由于不太熟练，两叠牌不容易控制，只要要用心去学，勤奋练习，很快就能达到熟练程度。

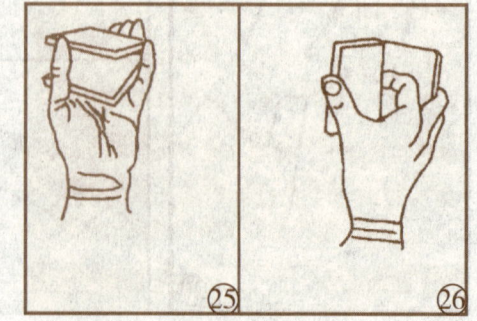

10.鸽尾式洗牌法

取一副牌,然后把牌分成大致相等的两份,两手各拿一份,牌面要稍微倾斜,食指顶住牌背,拇指放在牌的前端,中指、无名指放在牌的下端,如图㉗所示。

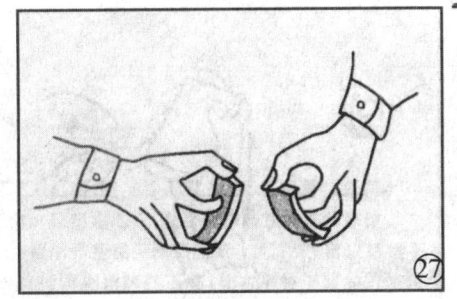

然后双手分别用力,使牌弯曲到一定角度,用拇指将牌逐张落下去,如图㉘所示。

拇指处的牌全部落下去之后,把牌理顺,如图㉙所示。

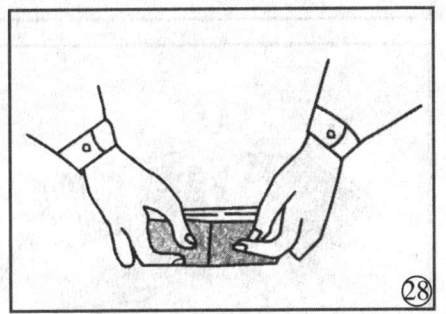

也可以把牌弯成桥那样,再使牌合起来。方法如下:首先把两拇指放在两叠牌的交叉处,两手指同时用力向里压,这时拇指要按着牌的上面,以免牌飞起来,如图㉚所示。但

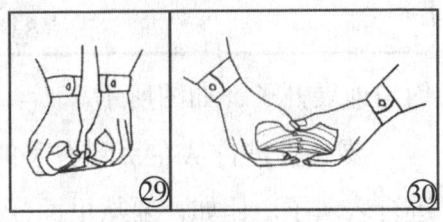

是手指的压力不要过大,稍微放松一些,使牌与桌面保持平行。这样只要将手向外移一些,牌就会落入手中,成为一叠较整齐的牌。

11.双手展牌的方法

在众多纸牌节目中,双手展牌是最基本的动作。双手展牌动作的熟练程度如何,直接体现出水平的高低。所以,必须熟练掌握,运用自如。

双手展牌的方法如下:左手拿牌,右手做好准备工作,如图㉛所示。左手拇指放在牌的顶面上,将牌逐张往右推动,如图㉜所示,右手接着推来的牌,右手的四指协助左手把牌整齐,如图㉝所示。

上面的动作不要停下来,待两手中的牌大致相等时,整副牌也就

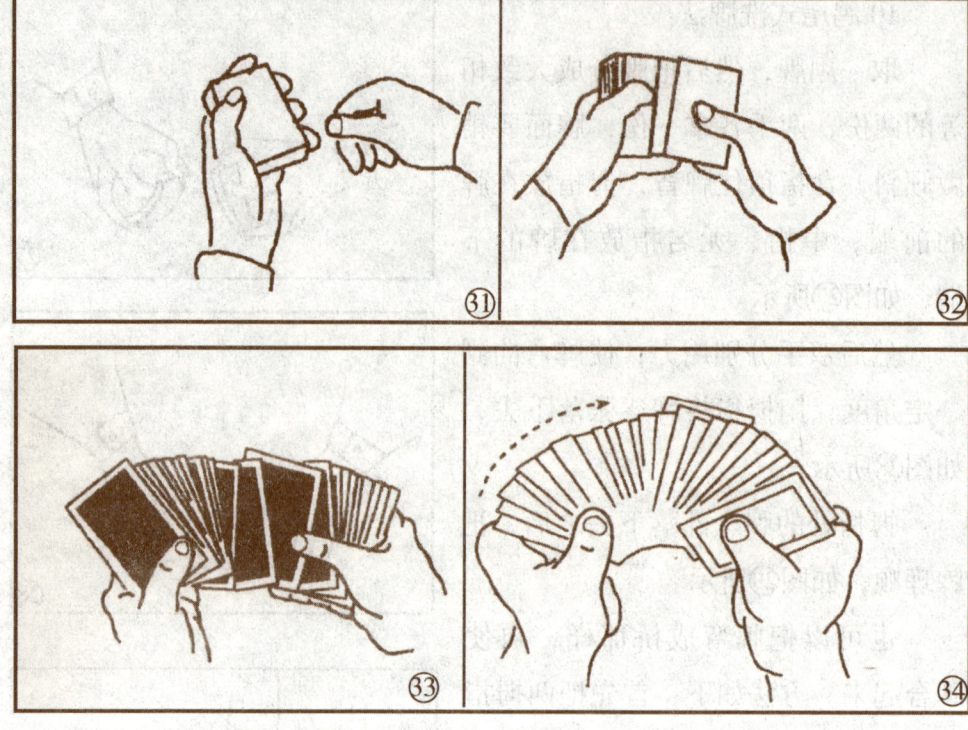

均匀地展开了,如图所示。

要一直进行从左手到右手的推牌动作。当牌全部展开后,就可以进行表演了。比如,要从里面任意找一张牌,或是请别人从中抽一张牌等。但是要注意,在双手展牌时,动作要自然,牌要尽量展得均匀。

扑克的派牌窍门

牌洗完后,接下来就开始发牌。发牌也就预示着扑克游戏的开始。因而这是很重要的一个环节。发牌是有一定要求的,要从自己的左侧发起,最后才发给自己。分牌张数在不同的扑克游戏中也是不同的,主要根据需要而定,原则上是逐张发。

若要每人发6张时,则逐张来回发6次。但是要将整组牌发完时,逐张发太慢,可以两张一起或3张一起发,或是上下各一张的一次两张发。牌没有发完时,其他人的手是不能触牌的,等牌发完后,才能去取自己的牌。

1.派扣顶牌法

在扑克游戏中，有许多玩家习惯在开始几盘中把比较大的牌做上暗号。有的用指甲在牌边按一个凹口，有的用烟灰把牌弄脏，有的则涂上特制的墨水，还有的用小针在牌背上扎孔等等。也有一些玩家，在玩时使用已经做记号的牌。

不管靠什么方法来记牌，目的只有一个，都想使自己能够了解对方的牌，而且把有利的牌派给自己。比如在派牌时，派到一张做上了记号的牌，说明这张牌是自己方需要的，假如是J牌，那么就把它扣下来，把它下面的牌派给别人，轮到派给自己或是搭档时，再把这张J牌派出去。

很明显，派牌者的动作要娴熟，看起来像派顶牌一样，不要让其他人有所怀疑。要左手拿着牌，作出准备发牌的姿势，这时拇指按住牌，靠近牌的前端，其他四指放在牌的右边，指尖与顶牌相平。

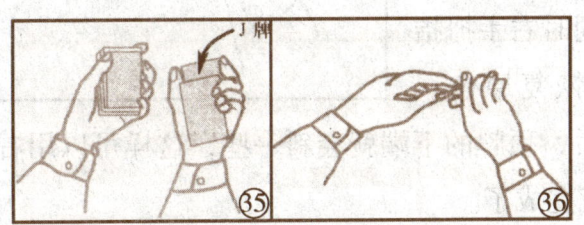

左手拇指稍微向下拉动牌，把顶牌下移一些，使第二张牌露出一部分。右手拇指和食指把这张牌拉出，如图㉟所示。待拉出这张牌后，左手拇指迅速把顶牌复位，如图㊱所示整个派牌的假动作是在一瞬间完成的，同时还可以继续下去。

在两手距离靠近时，左手拇指再次把顶牌向下移一些，此时右手把下面的一张牌拿出来。由于速度比较快，其他人并没有看到，以为拿的是顶牌。

如果想学这种技巧，可以先学习拿起顶牌的假动作，然后再不断加快速度。但是还要注意一点：使用这种派牌法时，是不能用白边的牌，因为它容易被人察觉。

2.派扣中牌法

右手拿牌，如图㊲所示。

拇指放在顶牌上面，并且靠右边，其余四指放在牌的另一边，稍微用力把牌压向手掌。用拇指把最上面的那张牌向左推出一点，轻轻转动拇指，使拇指能够同时触到顶牌和第二张牌。然后把这两张牌同时向左推，直到伸直拇指，如图㊳所示。

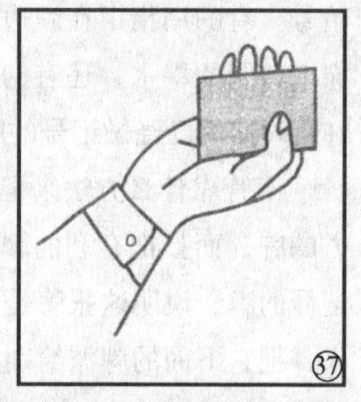

这时右手的剩余4指主要阻止拇指把多过两张的牌推出来。左手拇指放在上面，食指放在下面，把第二张牌抽出来。同时右手拇指把最上面的牌恢复原位。

在抽出几张牌后，顶牌的下端就会斜一些，这样可以用右手的小指推正，这样派牌就完成了。

3.底牌派牌法

以右手拿整副牌，牌的正面对着手掌心，中指顶住牌的右上角。右手使牌往左手掌方向推，并调整它的位置，使得牌的左上角靠近左手食指的弯曲处，第一、第二指节在牌的上端，第三指节在牌的左边。

右手食指并不用力，而且在派牌中不起任何作用。整叠牌是靠中指和手掌而拿着的。然后再作个调整：让右手的无名指放在牌的底部，并靠近左上角，拇指放在顶牌上，并指向牌的左上角，如图㊴所示。

如果感觉右掌给牌塞得满满的,说明拿牌的位置是对的。拿好牌之后,你就可以派牌了。用右手拇指使顶牌往左方向推开一些,同

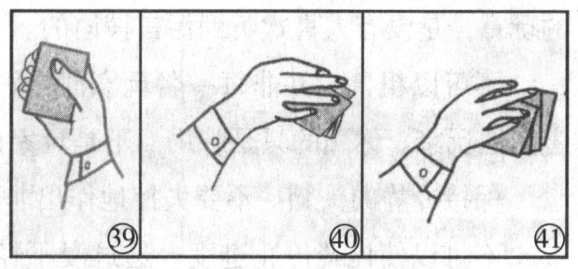

时,无名指顺势把底牌推出。先用无名指把底牌推向掌心,使它弯起来,如图⑩所示,这样很容易地将它推向左边了,如图㊶所示。

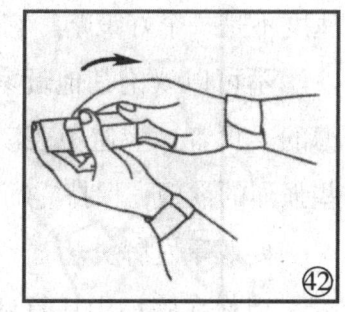

这个时候,左手慢慢向右手的方向移动。移动时,左手的食指在上面,弯过突出的顶牌,一直绕到顶牌的下面去。右手拇指在右手拇指与食指并拢时,迅速把顶牌推回原位,然后左手快速拉出底牌,如图㊷所示。

此派牌法只是用右手中指及右手掌把牌拿住,同时中指的下半截不要把底牌向上压,以免阻碍无名指将牌推出。如果很容易用无名指把底牌推出,那么拿牌的姿势也就对了。

此派牌法容易使人产生拿顶牌的错觉。在实战时,右手拇指可以接触到顶牌,然后迅速缩回左手拇指,这样就方便右手拇指和食指夹住底牌了。

此方法只有多加练习,才能达到单手完成派牌的境界。

扑克游戏的礼仪

在每一项比赛中都有一套规章,但这些规章并不足够齐全,玩家们还要学习一些比赛的礼仪,这些比赛的基本礼仪和行为动作在扑克世界中也都是必须要遵循和重视的。

以下是应该记住的扑克游戏室的礼仪:

不可以说污言秽语。小心语言用词,现在的扑克游戏室是成年人

的玩意，是没有人喜欢听到污言秽语的。

不可以粗鲁。并非每一名玩家都是好手，避免说废话或者侮辱损害其他玩家。你赢的只是牌局而不是玩家，要有风度。

保持冷静的头脑。不要失控地作出非明智的骚动。

不可以使比赛停止进度。透过漫不经心或者考虑不周而减慢比赛速度不是一个好策略。它反映你的水准并不专业。

不可以议论其他玩家。谈论另一个玩家的牌局差与好是不合乎道德的。再者，应避免亵渎另一名玩家。如果你有与其他玩家聊天的那些强烈的欲望，保持它简短和精要。

要尊重发牌员。

当你在牌局中注意到一些不正当的行为时应大声说出来。若有人作出错误行为时，或者有人因此错误下注；当事件发生时有欠公正，你应要求全局人一起对付。

如果你认为你将会赢出这牌局时，请立即摊牌，不要等发牌员问你。当明确你确实赢时，要谦虚一点。

保持桌面下注位置整洁，不要放上无谓的东西，最好只放上现金、比赛筹码和遮盖筹码用的纸卡。

保持面无表情，但是偶尔用一个友好的微笑，会令比赛更精彩。

扑克的流行玩法

斗地主

"斗地主"是一种3人玩的争先型牌类游戏,4人也能玩,每局牌有一个玩家是"地主",独自对抗另两个组成同盟的玩家农民。地主的目标是以合法的出牌方式先出完手里所有的牌,而农民的目标是在地主出完牌以前,农民中的任何一人先出完手里所有的牌。

斗地主起源于湖北十堰房县,据传是一位叫吴修全的年轻人根据当地流行的扑克玩法"跑得快"改编的,如今已风靡整个中国,并流行于互联网上。

1. 发牌

一副牌54张,一人17张,留3张作底牌,在确定地主之前玩家不能看底牌。

2. 叫牌

叫牌按出牌的顺序轮流进行,每人只能叫一次。叫牌结束后,所叫分值最大的玩家为地主;如果都不叫,则重新发牌,重新叫牌。

3. 第一轮叫牌的玩家

每一轮首先叫牌的玩家按出牌顺序轮流担任。

4. 出牌

将3张底牌交给地主,并亮出底牌让所有人都能看到。地主首先出牌,然后按逆时针顺序依次出牌;轮到跟牌时,可以选择"不出"或出比上家大的牌。某一玩家出完牌时结束本局。

5.牌型

火箭：即双王(大王和小王)，最大的牌。

炸弹：4张同数值牌(如：四个7777)。

单牌：单个牌(如：一张红心5)。

对牌：数值相同的两张牌(如：5梅花4+方块4，44)。

3张牌：数值相同的3张牌(如：3个JJJ)。

3带1：数值相同的3张牌带一张单牌或1对牌、（如333+6或444+99）。

单顺：5张或更多的连续单牌(如：45678或78910JQK)。不包括2点和双王。

双顺：3对或更多的连续对牌(如：334455、7788991010JJ)。不包括2点和双王。

3顺：2个或更多的连续3张牌(如：333444、555666777888)，不包括2点和双王。

飞机带翅膀：3顺+同数量的单牌(或同数量的对牌):（如：444555+79或333444555+7799JJ）。

4带2：4张牌+两手牌(注意：4带2不是炸弹)（如：5555+3+8或KKKK+AA，或4444+55+77）。

6.牌型的大小

火箭最大，可以打任意其他的牌。

炸弹比火箭小，比其他牌大。如都是炸弹时按牌的分值比大小。除火箭和炸弹外，其他牌必须要牌型相同且总张数相同才能比大小。

单牌按分值比大小，依次是大王＞小王＞2＞A＞K＞Q＞J＞10＞9＞8＞7＞6＞5＞4＞3，不分花色。

对牌、3张牌都按分值比大小。

顺牌按最大的一张牌的分值来比大小。

飞机带翅膀和4带2按其中的3顺和4张部分来比，被带的牌不影响大小。

7.胜负判定

任意一家出完牌后结束游戏，若是地主先出完牌则地主胜，否则另外两家胜。

8.积分

底分：叫牌的分数。

倍数：初始为1，每出一个炸弹或火箭翻一倍，但火箭和炸弹留在手上没出的不算。

9.一局结束后

地主胜：地主得分为2×底分；其余玩家各得：负叫牌的底分。

地主败：地主得分为负2×底分；其余玩家各得：叫牌的底分。

地主所有牌出完，其他两家一张都未出：分数×2。

其他两家中有一家先出完牌，地主只出过一手牌：分数×2。

升级

升级是国内非常盛行的一种4人扑克牌游戏，可以选择一副牌、两副牌或者3副牌进行。打一副牌时，也称为"40分"或"打百分"；打两副牌时，也称为"80分"，还有的地方也有叫"摔小""拖拉机"等。

对牌和"升级"一样，牌局采用4人结对竞赛，抢分升级的方式进行。基本规则也和"升级"相似，具有规则简明、对抗性强等特点。

"拖拉机"在保留"升级"的上述优点的同时，增加了牌的张数,由54张变为108张,取消了对底牌压分的限制,使牌局的变化更为丰富。

"对牌"、"拖拉机"等出牌形式和"双抠翻倍"等规则的增加,使牌局更富有娱乐性和刺激性。(假定当前打10)

1.牌的大小顺序

"2"不为常主时,主牌从大至小依次为:

大王,小王,主10,副10,A,K,Q,J,9,8,7,6,5,4,3,2。

副牌从大至小依次为:A,K,Q,J,9,8,7,6,5,4,3,2。

"2"为常主时,主牌从大至小依次为:

大王,小王,主10,副10,主2,副2,A,K,Q,J,9,8,7,6,5,4,3。

副牌从大至小依次为:A,K,Q,J,9,8,7,6,5,4,3。

2.拖拉机的构成

凡大小顺序相邻且花色相同的联对均构成拖拉机,如KKQQ,JJ99,554433。

主牌中凡大小顺序相邻联对均构成拖拉机,如:

一对小王带一对主10，一对主10带一对副10。

一对副10带一对主牌A，一对主10带一对副10及一对主牌A。

以下各例均不是拖拉机：

554，544，5533，JJQQ，两对副10，JJ1010，AA22。

3.亮牌规则

在发牌过程中，第一次亮出的10的花色作为主牌花色。有以下几种情况可改变或加强主牌花色：

反无主；自保；反主；自反；对家保。

其中后3条以先出现者为准。

若发牌结束仍无人亮牌，则以底牌第3张的花色作为主牌花色。如果第3张是王则打无主。

4.出牌规则

出牌时同等大小的牌以先出者为大。

同门花色的大牌可以联出，称作"甩牌"如：

副牌中AAK，AKK，AQQJJ，98844(若其他玩家中无人有能大过一张9，和一对8，和一对4的牌)。

若首家试图联出的牌并非都是大牌时，则其必须出欲联出的牌中的最小牌。如：

首家试图联出98844时，若其余某家有此花色的J，则首家必须出9，若其余某家有此花色的QQ或55，则首家必须出44。

首家出对牌时，其余家有对牌必须出对牌(包括拖拉机中的对牌)首家出拖拉机时，其余家有拖拉机必须出拖拉机，若无拖拉机，则必须出对牌，无对牌时才能出其他牌。

首家出某花色副牌时，其余家无此同花色时，可出主牌，称为"毙"。若首家出的牌中有拖拉机或对牌，毙牌时所出的牌必须是主牌，且其拖拉机的数目不得少于首家出的牌中的拖拉机的数目，对牌的数目也不得少于首家出的牌中的对牌的数目，否则被视为垫牌。

出现多家毙牌时，毙牌的大小以毙牌中的拖拉机和对牌大小为准，大的称为"盖毙"。如：

主牌998872可毙副牌AK5544，但不能毙副牌AA5544。

主牌977可毙副牌544，主牌884可盖毙。

主牌977可毙副牌567，主牌884不能盖毙。

5.轮庄规则

开局中，双方争庄，先亮者为庄家。

庄家升级时，下一副牌由其对家当庄家。

闲家上台时，下一副牌由此副牌的庄家的下家当庄家。

6.三副牌规则

和两副牌拖拉机规则类似，亮主实行"抢亮"的规则。四位玩家中任意一位亮了合法的牌后，其他玩家就不能再亮同级别或该级别以下的牌了。3副牌拖拉机(下称泰坦尼克)中的亮主级别如下(假定当前打10)：

单张10；两张10；两张王(打无主)；3张10；3张王(打天主)。

7.泰坦尼克

两副大小相邻花色相同的三同张。当打5时，下列情况为泰坦尼克333444，444666，副5主5，大王小王，AAA副5；主5小王………

当打5时下列情况不为泰坦尼克：555666；当打无主时下列情况不为泰坦尼克：555555。

8.出牌规则

泰坦尼克其他玩家根据牌情按如下顺序出牌：

2副3对

一副拖拉机+2单张

一副3对+一副两对+1单张

一副3对+3单张

2副2对+2单张

一副2对+4单张

6单张

3对

其他玩家根据牌情按如下顺序出牌:

3对

一副2对+4单张

3单张

9.记分规则

0分记大光,不足60分算小光,120分上台,180分上台+1级,240分上台+2级,跑分一方打成大光升3级,小光升2级,满120分下台。得分方打成120分上台,每超过60分加一级。

大百分

大百分是扑克牌游戏中最基本玩法之一,一般4人参加,2人为一组进行对抗。

1.牌分值的规定

4个花色的K、10、5为有分值的牌,K、10各为10分,5为5分。这样一副扑克牌分值总和为100分。

2.牌大小的规定

大百分一般是有将定约,将牌大小依次为大王、小王、将牌2、其他3个花色2(这3个2大小相同,先出为大)、将牌A、K、Q、J、10、9、8、7、6、5、4、3。其他3种花色为副牌,由大到小依次顺序为A、K、Q、J、10、9、8、7、6、5、4、3。3种副牌地位相同,不分大小。将牌中任何一张都比副牌大。

3.横、竖甩的规定

4张点数相同的牌可以一次出牌,即称为横甩,如4张7、4张Q等。两张或多于两张的同花色牌,并在这花色中排列最大,可以一次出牌,即称为竖甩,如黑桃A、K,红心A、K、Q等。有时在某花中并非最大,但其他较大的牌已打出,事实最大的同色花牌也可以一次出牌。如方块K、J已经打出,那么方块A、Q、10、9这些牌也可以一次出牌。如甩错,要出最小一张牌,并且受罚(下台)。

4.明底暗底的规定

每人抓12张牌后,留下6张为底牌,给庄家调换手中牌。底牌和庄家换后的牌如果亮开让大家看,为明底;不让人看,为暗底。明底暗底应在玩前商定。

5.洗牌、抓牌与出牌

4人转坐一圈,把牌操洗几遍后,放在中央,由任意一人先抓,然后按逆时针方向轮流抓牌。每人每次一张,直至剩下6张底牌为止。

以后则由负者洗牌,由胜者先抓牌。出牌由庄家先出,花色大小不限。其他人按抓牌顺序轮流跟出一张与庄家花色相同的牌,大小不

限。如某人没有这花色，可以任意垫其他花色的牌，也可将吃。

每一轮中按各人出牌的大小，由牌大者在下一轮中先出牌。每轮中的分数牌归该轮中牌大者所有。某人横甩时，其他人要在4种花色牌中各跟出一张，如缺门，可以垫其他花色牌。

横甩为最大，不能将吃，除非某人也有4张牌点相同、且点数更大的才可压住该横甩牌。如某人竖甩时，其他人要跟出与竖甩牌同花色同张数的牌，如不够张数，可垫其他花色牌来凑足张数。

如对方没有这花色牌，可用相同数的将牌将吃。若有几个人同时将吃，则要比所出将牌中最大一张牌的大小（其他较小的将牌可不比较），以大管小。

6.得分

庄家不捡分，攻方捡分。攻方把所得的分值牌捡出来放在面前，作为得分。

7.胜负：攻方所得分数总和超过100分减去庄家所叫分数之差，则攻方胜；少于或等于分数之差，则攻方负；最后一轮攻方的牌比庄家的大，俗称"抠底"，则攻方胜。

另外，也有"40分下台"的玩法，即攻方得40分则胜，庄家下台，攻方上台坐庄。

8.常见的几种打法

大百分玩法较多，各种玩法有不同的特殊规定，常见有"40分下台法"、"叫分固定朋友法"、"叫分明朋友法"、"叫分暗朋友法"、"叫分叫将牌叫朋友法"、"3人百分"。

9.40分下台

由6人参加，2人为一组，以对家为朋友，两组又分别为庄家和攻方。洗牌后第一盘翻出一张牌，夹在牌堆中，该牌花色的13张牌皆为将牌。然后4人依次轮流抓牌，由抓到这张明牌的人坐庄。

以后,每盘牌也都亮出一张牌,这时亮出的牌只起确定将牌花色的作用,抓到这张牌的人不再享有坐庄的权利。攻方如能得40分,庄家下庄。由攻方上台坐庄;如攻方不足40分,庄家继续坐庄;庄家一方的两人轮流坐庄。

10.叫分固定朋友

由4人参加,2人为一组,以对家为朋友。洗牌后不翻将牌,每人抓12张牌,由先抓牌者先叫分,叫分以60分为起点,其他3人根据手中牌及对底牌的估计,按抓牌顺序依次叫分,叫分时,后叫者必须高于先叫者,以5分为一个档次。

如甲叫60分,乙至少叫65分以上;如乙叫75分,甲至少要叫80分以上。最后,由叫分高者坐庄,并将底牌收起,调换出6张不要的牌,并定出将牌花色。

11.叫分明朋友

由4人参加,事先不固定朋友。洗牌后也不翻将,由一人先抓,每人12张牌,剩下6张底牌。由先抓牌者首先叫分,叫分规定与"叫分固定朋友"同。

然后顺次叫分,由叫分最高者坐庄。坐庄人拿底牌进行调换,然后庄家决定将牌,并叫一张牌(即持有这牌的人)为朋友,该人应立即出示此牌,表明与庄家为友的身份。4人原先的座位不变,分成两方角逐。

12.叫分暗朋友

由4人参加,玩法与"叫分明朋友"相同,只是庄家叫的朋友不出示牌,不暴露身份,暗朋友要在暗地里协助庄家完成定约。暗朋友在没暴露之前也拉分,等出了叫的牌后,即可把捡的分放回牌堆里。

13.叫分叫将牌叫朋友

也称"叫分叫主叫朋友"。由4人参加。玩法与"叫分暗朋友"相似，所不同的是，叫分高者（庄家）必须在未拿起底牌前就叫主（将牌）、叫朋友。

由于底牌是未知数，庄家所叫的"朋友"有可能在底牌之中，这样，就可形成庄家1人与其他3人为另一方的"一打三"的局面。庄家可利用这一点巧妙地赢得胜利。如庄家所叫朋友不在底牌中，打法与"叫分暗朋友"样。

14.3人百分

这是把4人玩的叫分明朋友游戏变为3人玩的方法。抓牌时抓4份，3人每人各拿一份，剩下一份不许看。由先抓牌者先叫分，其余俩人依次叫分，由叫分高者坐庄，并拿底牌定出将牌，谁坐庄家便与那份牌做朋友。

出牌时，庄家将那份牌翻开明摆，放在自己对面，作为对家，并按顺序出自己的牌和对面的那份牌，即庄家一个人出两份牌来完成定约，而对方两人作为攻方和庄家进行抗衡。

争上游

这是项竞争性较强的游戏，参加者个个争先把手中的牌出完。宜3~6人玩，牌一副。若6人以上玩，可用两副扑克牌。首先打完牌者为胜者，最后打完牌者为负者，在下一盘，负者要向胜者"进贡"。

1.抓牌和首出

抓牌前先从扣放的牌中任意抽出一张牌，将它翻转过来插入牌之中，然后按逆时针方向轮流抓牌，抓完为止，抓到翻过来的那张牌的人首先出牌。

2.打牌规定

每人自成一方，彼此不许联合，一人开始出牌后，其他人按逆时针方向轮流出牌，必须同首出的牌相同种类，也允许弃权不出牌，一直到没人再出这类型的牌为止。这时，由最后出这类牌的那人随意选择新的出牌种类。

3.出牌种类

出牌者可以出"单张"牌、"对子"、"三同张"、"四同张",也可以出3张以上用点数连续的"顺子"。

4.牌的大小

打牌时后一家打出的牌必须比前一家打出的牌大,所以出牌时要比牌的大小。

单张牌比较不分花色,只由牌点数决定大小。其顺序为:

大王、小王、2、A、K、Q、J、10、9、8、7、6、5、4、3。

横甩牌比较大小时,与单张牌比较大小的方法基本一样,不分花色,只由牌点数决定大小,如用王或2作替牌时,先比较大小,后比较真假。

竖甩牌比较大小,比较顺子中最大一张牌,如相同,再比次大的牌。

另外,"假的大顺子"大于"真的小顺子","小的同花顺"大于"大的非同花顺"。

5.替换牌张的规定

争上游中有6张替张,分别为大、小王及4个2。大、小王可以在横甩、竖甩中代替任何需要的牌;2只能在横甩中替代任何点数的牌,在竖甩中不允许2替代。

6.进贡和还贡

一盘牌的负者在下一盘抓牌后,把手中最大的一张牌进贡给胜者,胜者收好牌后选一张无用的牌还给负者。在5~6人游戏时,也有俩人进贡、俩人吃贡的规定,即第一、二出完牌者为胜家,最后一、二出完牌的是负家。

进贡时,两位负家各自拿出自己最大的一张牌进贡,由第一出完牌者挑选。还贡时,两位胜家各自拿出一张无用的牌还给负家,由排在倒数第2位出完牌的人挑选。

7.每盘牌的首出牌

除第一盘出牌是按抽出来牌的得到者先出外,每盘皆由负者首先出牌。如俩人进贡,则由倒数第二出完的负者出牌。

拱猪

拱猪是一种流行于中国及海外华人社区的牌类游戏,游戏参加人数一般为4人,通常使用一副去掉大、小王的扑克牌进行游戏。拱猪时力争多得正分或少得负分,一般当某人得到正1000或者负1000的时候被视为胜利或失败,胜者或负者会得到相应的奖励或惩罚。

拱猪在流传过程中演化出可以用两副牌来玩的玩法,所以一般拱猪亦称"拱单猪",对应的两副牌的玩法称为"拱双猪"。

1.游戏术语

(1)花色:扑克牌中包括4种花色,一副牌每种13张。4种花色分别为:黑桃、红心、梅花、方片。

(2)猪:黑桃Q称猪。

（3）猪牌：所有黑桃花色的牌张统称猪牌。

（4）红分："红分"是"红心分牌"的简称。所有的红心牌张均为分牌，称为红分。

（5）变压器：梅花10称变压器，亦称番、加倍、翻子。得到梅花10的一家，若又得到了分牌，则其分牌统统要加倍计算；若未得到分牌，则单张梅花10以分数形式计分。

（6）变压器牌：所有梅花花色的牌张统称变压器牌。

（7）羊：方片J称羊。

（8）羊牌：所有方片花色的牌张统称羊牌。

（9）拱猪：在黑桃Q尚未露面的前提下，主动出小于黑桃Q的猪牌谓拱猪。

（10）分红：在许多红分尚未露面的前提下，主动出红心（通常指较小的红心）谓分红。

（11）攻变：在梅花10尚未露面的前提下，主动出小于梅花10的变牌谓攻变。

（12）牵羊：在方片J尚未露面的前提下，主动出大于方片J的羊

牌谓牵羊。

（13）放羊：在方片J尚未露面的前提下，主动出小于方片J的羊牌谓放羊。

（14）全红：指一家在一副牌中收齐了全部13张红心。

（15）猪羊满圈：指一家在一副牌中收齐了猪、羊、变压器和全部13张红心。"猪羊满圈"亦称"满贯"。

（16）上家：即位于本家左方的对手。

（17）下家：即位于本家右方的对手。

（18）对家：即坐在本家对面的对手。

（19）一手牌：一手牌指一副牌中一家所抓得的全部13张牌。

（20）一副牌：一副牌指4家从抓第一张牌开始到各自打完一手牌并计分结束的全过程。

（21）全副牌：指一副牌中4家所抓得的全部52张牌。

（22）第一副牌：指比赛中编号为"1"的那副牌。

（23）第一副牌：指比赛中最先打的那副牌。

（24）座次：指4位牌手在比赛中所坐位置的方向。如一对牌手做南北向，则另一对牌手肯定坐东西向。也称"坐向"。

（25）圈：4家按序各出一张牌为出一圈。

（26）局：比赛中双方累计每副牌的得分至一方满负1000分或正1000分时为一局。也可以满负800分或正800分为一局。

（27）盘：在计副制队式赛中，双方按规定打一定的副数为一盘。通常16副牌为一盘。

（28）轮：比赛中两队（对）交锋一次为赛一轮。赛一轮可能是赛一局，可能是赛一定的时间，也可能是赛一定的副数。

（29）节：一轮比赛赛的副数较多或赛的时间较长时，该轮比赛可分若干节进行。节与节之间适当休息，亦可交换坐向或更换赛员。

（30）圈牌：当和其相应的分牌同时出时能得到相应的分牌的牌张。

（31）明牌：亮出猪、羊、变压器或红心A给其他拱猪选手看，明牌时该牌分值乘以2。

（32）首明牌：第一张抓到猪、羊、变压器或红心A并明，首明时该牌的分值乘以4。

（33）垫牌：没有手中花色的出牌中替出的牌。

（34）断门：没有某种花色了。

（35）定：出的牌是本轮最大的，即下一轮第一个出牌。

（36）调：连续多次出某一花色的小牌，让某张牌出掉。

（37）放：使劲出一种花色。

（38）收：刻意用"圈牌"去得某张牌。

（39）自得：自己得自己原本有的某张分牌（此项中"分牌"专指猪、羊、变压器、红心A）。自得时，此张分牌的分值应是在其相应分数（未明、明牌、首明）的基础上乘以2。

（40）首引：在一轮牌中先出牌的人。

（41）天绝：一张没出的情况下，某一种花色断门。

（42）当猪分：当猪的分数，通常为负1000分。

（43）胜利分：胜利的分数，通常为1000分。

（44）当猪：即失败。

（45）罚分：在一局比赛中违反纪律时最后得分中添加的分数。

2.游戏规则

（1）普通规则

①大小顺序

相同花色的牌从大到小依次为：A，K，Q，J，10，9，8，7，6，5，4，3，2，垫牌被视为当圈最小牌。

需要出牌者手中没有当前的花色，出另外花色的一张牌叫垫牌。

需跟牌者只有在没有领出花色的牌时才允许任意垫出其他花色的牌。

拱双猪时,出对牌时如果有同花色对牌必须给对牌。方块的对牌大于单牌。黑桃、红心、梅花的对牌小于单牌,大于垫牌。出对牌时,若给的两张牌中,有一张或两张另外花色的牌也是垫牌。

②牌的分值说明

拱猪中共有16张分牌,分别为:黑桃Q,方块J,梅花10及全部红心牌张有分值,谓分牌,其余的牌没有分值。

黑桃Q称为"猪",基本分值为负100,黑桃K和黑桃A称为"猪圈"(也称"猪头")。

方块J称为"羊",基本分值为正100,方块Q、方块K和方块A称为"羊圈"(也称"羊头")。

梅花10称为"变压器",基本分值为正50,基本倍数为2,梅花J、梅花Q、梅花K和梅花A称为"变压器圈"(也称"变头")。

所有红心的基本分值见下表:

牌面点数	A	K	Q	J	10至5	4至2
分值	-50	-40	-30	-20	-10	0

③亮牌规则

亮牌又称明牌、卖牌。手中若有"猪"、"羊"、"变压器"、红心A,则可以亮牌。开始出牌以前,玩家若有以上的牌可以亮出,改变其分值和功能。"猪"、"羊"被亮后分值按其基本分值乘以2计算,"变压器"被亮后基本倍数为4。红心A被亮后,所有红心的分值都按其基本分值乘以2计算。

以上4张牌被亮后,在第一次出该花色的牌时均不能出,除非手中该花色的牌只有这一张。

一手的比赛中抓到的第一张抓到"猪"、"羊"、"变压器"或红心A并亮，谓首明。"猪"、"羊"被亮后分值按其基本分值乘4计算，"变压器"被亮后基本倍数为8。

红心A被亮后，所有红心的分值都按其基本分值乘4计算。但以上4张牌被首明后，在第一次出该花色的牌时均可以出。

④出牌规则

执黑桃3（另有说黑桃2、黑桃7和梅花2）的一家最先出牌，谓首领。

4人按逆时针依次出一张牌称为一圈。一局牌共13圈。

一圈牌出完后，牌面大的一家获得下一轮的出牌权和本轮所有有分值的牌。

跟牌必须先跟相同花色的牌，若无此门花色，须垫牌，垫出的牌张被视为最小。

⑤计分规则。开始新游戏前，每家的分数为0。

每副牌结束后，每家累加得分，方法如下：

计算除"变压器"外牌分值的总和，若得"变压器"，将所得分乘"变压器"的倍数后计为本副牌得分。

若只得"变压器"，而没有得其他，则本副牌得分为"变压器"的分值。

若收齐全部红心，称为"收全红"，红心全部变为正分（其原本分数的相反数）。

若收齐所有有分值的牌，称为"猪羊满圈"，红心和"猪"全部变为正分（其原本分数的相反数）。如一家在一手牌的比赛中得了猪、明红心6、8、10、J和变压器，其应得负400分。

当任何一家的累积分值超过负1000分时，游戏结束，该游戏者被"拱成猪"，或称为"当猪"，即失败，而此时的累分值最高者为该局比赛的赢家。

（2）特殊规则

①暗卖

只说亮牌张数，并不出示所亮花色。出牌规则同"首明"，分数按亮牌的计算。

②除羊全亮

除了羊以外的分牌全都必须亮，但是羊必须不亮。

③分牌全亮

所有的分牌全都必须亮。

④催亮牌（逼明、逼亮）

任意3张可亮的牌都亮了，其余一张也必须亮。

⑤垫牌规则

出红色花色（红心、方块）的牌时的垫牌必须是红色花色的牌；出黑色花色（黑桃、梅花）的牌时的垫牌必须是黑色花色的牌。假如垫错，需得当圈所有的分牌。

⑥双猪

一轮牌中得分最高和最低的都视为"当猪"。

3.游戏流程

（1）洗牌和切牌

第一轮由北家洗牌，之后的每轮由"当猪"者洗牌。洗牌时，可运用各种方法把按顺序的扑克牌打乱，让扑克牌的花色、点数无顺序可言，但在洗牌过程中必须均让每一张牌倒扣放置。切牌由洗牌者的下家进行。

（2）发牌

拱猪发牌及出牌顺序(逆时针)：发牌须按照逆时针顺序倒扣着把牌分发到参与拱猪的每个选手的手中。第一轮由北家最先拿到牌，之后的每轮由上一轮"当猪"者或得"猪"者最先拿到牌。

（3）校验

验证拿到的牌的数量是否正确。如在4个人进行拱猪游戏时，每人应拿到13张牌。当发觉牌的数量不对时，经其他游戏者检验并同意，少牌的一方可从多牌的一方闭眼随机抽回自己少的数量的牌。若其他游戏者不同意随机抽牌，则须重新洗牌、发牌。

（4）声称与承认、默认

在一副牌未打完之前，某位牌手出于缩短打牌过程等考虑，就把自己手中的未出牌张明亮出来，并声明自本圈牌之后有分值牌张的归属，谓声称。

声称时应附带说明之后的打牌路线，对复杂牌局还应充分预见到之后可能出现的各种情况。

对声称的赞同即为承认。对声称和承认未提出异议即为默认。承认或默认后，本副牌的打牌即告停止，按声称的结果记分。

对声称有异议的，或在本副牌记分前的合法时限内要求撤销承认或默认的，须召请裁判。

4.策略与技巧

（1）收全红

最好不要直接出大红心，否则收全红的意图就会公之于众，游戏对手很容易破红。

开始的几圈，尽量不上手红心。尽量在一圈红心出牌中于第3、4个出牌，把较小牌和中牌（10、9、8、7）收齐。当只剩2或3张分散的红心时则可大胆收全红。

一旦跑了一张红心，就要由收红心改为分红了，避免再得更多的红心（为了收全红，此时一般会积攒许多不容易出手的大红心）。

同样，如果收了两圈，发现一家红心已经断门，而一家红心却总拿得出，这时也要中断收全红。否则，也许在本方红心已经断门时，对手还有红心。利用对手的垫牌收红就困难多了。

（2）破红（阻止对手收全红）

如果一个对手连续出大牌，这时此家的意图收全红。

在出小红心时自得此红心也可，或者在前几圈没有出大红心时收一两张红心。

（3）关于猪

如果持有的猪牌很少，且有"猪"或"猪圈"，则需要不领出黑桃，尽量让对手上手猪牌，在以适当时机扔出"猪"或"猪圈"。

如果"猪"和"猪圈"都有，不要为了脱手而在除一圈中第4个出牌外出"猪圈"，否则对手会很快就知道出猪圈者有猪，反而接连拱猪。

如果有多张猪牌，其中有"猪圈"，且在对手那里的"猪"亮了，第一张应该不跑圈，否则很可能会得猪。即使在出"猪圈"时没有得"猪"，因为明"猪"一家和持猪圈的一家猪牌多，其他家猪牌少，在对手拱猪时也会收到大红心。

当手上有"猪"时,应尽量上手打完某一门张数较少的花色的牌,以便通过该门花色"卖猪(跑猪)"。

要尽量跑掉"猪圈",以防止收"猪"。

当某门花色的牌较长且另外一门花色的牌较短时,可以亮牌。例如,手中有5张黑桃(包括"猪"在内),以及2张方块时,可以亮出"猪",因为此时对手很难会有5张黑桃,可以保证"猪"不被拱下,此时可以通过打完手上的方块来扔掉"猪"。

有时黑桃只有一张Q时也可以冒险卖猪,因为此时对手可能会误认为明猪的一家的黑桃很长,所以第一轮就出"猪圈",此时可以将"猪"扔掉,但这样做有风险,一旦被别人看出卖"猪"的话,别人都不出"猪圈",这样"猪"就自得了。

如果执猪者在第一轮是第3家、第4家出牌的话,可以冒险,但如果是前两家出牌就不建议使用这样的策略。

(4)关于羊

有"羊",但羊牌少时最好既不要明羊也不要放羊。

在本方羊牌多,且"猪"等负分多的牌张已经出过的情况下,可以直接放羊,使"羊圈"不得不出,在没有羊圈的情况下,直接自得"羊"。

如果羊牌少,且有"羊圈",应该在得到一圈牌的首领机会时直接出羊圈捉羊。这样跑掉了大牌,有利于脱手。

在一味捉羊时也要小心"猪"等负分牌张。也许,虽然得"羊"了,可是负分足以抵掉"羊"的分值,这样做还不如不得"羊"。

(5)其他

最好将每一门花色的大牌抢先出完,然后手上仅留各门花色的小牌,以防止到最后收到分值较高的牌,难以脱手,在某些特殊的场合,哪怕是"羊圈"也要及时跑掉,大分值的红心也要及时收下(有意识"收全红"或"收'猪羊满圈'"除外）。

5.对家配合玩法

4个人进行游戏，可以使用一副牌进行游戏，也可以使用两副牌进行游戏。游戏中对家（南和北、东和西）分别结为一组，一组游戏参与者需要相互配合。

难度较高，游戏参与者需要揣摩和分析对家出牌的含义。例如，一家有"猪"，第一张没有出"猪牌"而选择出较少的花色，当断门一种花色之后，由对家对出牌的理解帮助"扔猪"。

计分时各家分开算分，最后再把每组各个人的分加起来。例如：一组中东家得红心A、6、9、7、10，西家得红心2、3、4、5、8、J、Q、K和变压器，其组得分应为东：90，西：220，总分90+220=310，而不是200（全红）×2=400。

6."猪羊一家"玩法

使用一副牌进行拱猪。4个人事先不分配座次，不分配组别，根据每个人的牌，抓到猪和摸到羊的一组。

算分时把得"猪"和"羊"的两家（或一家）的分数相加，另外两家的分数相加，原理和"对家配合玩法"相同。

按照拱猪"猪羊一家"的玩法会出现一种情况就是猪羊在一家，就是1打3的情况。

如果使用"猪羊一家"方式拱猪，则不许明牌和首明。

梭 哈

1.游戏规则

先发给各家一张底牌，底牌要到决胜负时才可翻开。从发第二张牌开始，每发一张牌，以牌面大者为先，进行下注。

有人下注，想继续玩下去的人，选择跟，跟注后会下注到和上家相同的筹码，或可选择加注，各家如果觉得自己的牌况不妙，不想继续，可以选择放弃，认赔等待牌局结束，先前跟过的筹码，亦无法取回。

最后一轮下注是比赛的关键，在这一轮中，玩家可以进行梭哈，所谓梭哈是押上所有未放弃的玩家所能够跟的最大筹码。等到下注的人都对下注进行表态后，便掀开底牌一决胜负。这时，牌面最大的人可赢得桌面所有的筹码。

梭哈游戏用的是扑克牌，共52张牌。在民间因为不容易出好牌，也有去掉234567的简易玩法。

2.比较大小.

牌型比较：同花顺＞四条＞富尔豪斯＞同花＞顺子＞三条＞二对＞单对＞散牌。

数字比较：A＞K＞Q＞J＞10＞9＞8＞7＞6＞5＞4＞3＞2

花式比较：黑桃＞红心＞梅花＞方片。

关于A2345，这手牌可以算作顺子，但大小在各种扑克中不一样，梭哈里是第二大顺，德州中却是最小的顺子。

3.七张牌梭哈

七张牌梭哈是五张牌梭哈的变体，大约诞生于20世纪初，因为上述其四明一暗的方式暴露过多信息，同时由于不易成牌、容易作弊等缘故，七张牌梭哈更为流行，并且在美国德州扑克诞生前是最为流行的玩法，而至今该玩法还有众多玩家，在世界扑克系列赛等世界级大赛中也有其项目。

七张牌梭哈通常以有限注的形式游戏（无限注也可），它没有公共牌并可供2～9人游戏。开始时每人发两张面朝下和一张面朝上的牌；两张底牌和一张门牌。

在游戏的过程中，每个游戏的玩家再发3张面朝上的牌和最后一张面朝下的牌，他们必须在摊牌时用其中的5张牌组成一手牌。拿到最大一手牌的玩家赢得本轮和底池。

4.流程

（1）第一个下注轮

在发牌前，每个玩家支付强制性的底注。然后发给每个玩家两张面朝下的底牌和一张面朝上的门牌。拿到最小门牌的玩家必须支付最初的下注，叫作bringin。它通常是小注的一半，或有时是一整个小注。

如果两个玩家有同样大小的门牌，那么花色按照向上的次序决定谁来支付bringin：梅花，钻石，红心，黑桃。

在支付bringin后，从支付它的玩家开始，其他的玩家可以加注、跟注或弃牌。

（2）中间的下注轮(第4街，或转牌，到第6街)

每个游戏的玩家在每条街和随后的下注轮得到一张公开的牌，谁的公开牌有最大的组合就从谁开始下注。

（3）最后的下注轮(第7街，河牌)

每个游戏的玩家获得一张面朝下的牌，同样还是从公开牌最大的玩家开始。如果牌的数量不够，那么用公共牌取代发每个玩家一张牌。每个游戏的玩家必须使用这张牌。

5.摊牌

游戏的玩家从7张牌中组成最好的组合。拿到最好的5张牌的玩家赢得本轮。比牌方法与常规梭哈一样。因此虽然是7张牌，但实际还是

5张。

6.七张牌梭哈高/低

七张牌梭哈高/低是一种变型的玩法,拿到最好牌和最差牌的玩家平分底池。低端牌是只包含小于8的牌。这种变型也被称为七张牌梭哈8或更好,缩写为7stud8b。

组成低端牌的牌有:A,2,3,4,5,6,7,8。A在这种情况下是低牌。顺子和同花在低端牌中被忽略。因此,最好的低端牌是5432A。对子、三条和四条不能成为低端牌,所以,544AA不是一手低端牌。

最好的低端牌带有最小的高牌,这与一些初学者经常认为的不一样。例如,76543打败8542A。

如果没有牌是合格的低牌,那么拿到最好高端牌的玩家赢得整个底池。原则上,一个玩家可以认为底池被分为高端的一半和低端的一半。

如果两个或更多的玩家有一样大小的牌,那么他们每人将得到整个底池的1/4,或底池低端一半的1/2。高端牌在这种情况下将得到底池的1/2。

7.牌型说明

同花顺:拥有五张连续性同花色的顺子。以A为首的同花顺最大,如果双方都是A为首的同花顺,则看A的花色,黑桃>红心>梅花>方块。A2345算顺子,但如JQKA2等就不算顺子。

四条:4张相同数字的

牌，外加一单张。比数字大小，四条"A"最大。

富尔豪斯：由"三条"加一个"对子"所组成的牌，若别家也有此牌型，则比三条数字大小。

同花：不构成顺子的5张同花色的牌。先比数字最大的单张，如相同再比第二张、依此类推。

顺子：5张连续数字的牌组。以A为首的顺子最大，如果大家都是顺子，比最大的一张牌，如果大小还一样就比这张牌的花式。

三条：牌型由3张相同的牌组成，以A为首的三条最大。

二对：牌型中4张牌由两组两张同数字的牌所组成。若遇相同则先比这副牌中最大的一对，如又相同再比第二对，如果还是一样，比大对子中的最大花式。

单对：牌型由两张相同的牌加上三张单张所组成。如果大家都是对子，比对子的大小，如果对子也一样，比这个对子中的最大花色。

散牌：单一型态的5张散牌所组成，不成对（二对），不成三条，不成顺（同花顺），不成同花，不成富尔豪斯，不成四条。先比最大一张牌的大小，如果大小一样，比这张牌的花色。

8.梭哈技巧

真正的梭哈赢家，不采用阴人打法的是很少的，毕竟靠运气没有常胜的将军，阴人技巧又很奇妙，不同的牌有不同的阴人技巧，下面介绍几种常用的技巧。

（1）发牌时起大对阴人法

如开始起对A，你不能叫牌，一但叫牌，大多的对手都会丢牌，毕竟谁也不愿意与你可能的对A拼命，如果有人跟牌的话，你就跟，但不能叫大，到最后，让对家叫，判断牌比对家大的时候就梭哈，对家可能误认为你偷机，说不定就会跟你。

（2）前三张为三条的阴人法

如果你拿到了三条，下大注，对家跟的可能性10%，如果你采用一种胆怯的方法，该下1万的，你下1千，对家跟牌的可能性为90%，到第4张的时候就是关键了，如果对方加大，你就比他大，此方法赢的概率为80%。

（3）顺子阴人法

对家看你是顺面，你梭哈的时候，一般会丢牌，丢牌的概率90%。这时你最好让对家下注，对家会采取试探性的动作如下1万或者2万，让对家感觉你是害怕，有顺子的可能性小，他会和你梭哈，梭哈的可能性有40%，总比对家丢掉的好。

（4）散牌阴人法

这样的方法可以算是一个概念，第3张或者第4张的时候你只要起A或者是K，只要比对家牌面大的时候你就加到最大，让对家误认为你是一对，对家丢牌的可能性为80%，如果对家跟的话，说明他可能有一小对，这时，你就梭。

如果对家拿牌，说明你就失败了，此打法你的分一定要高过对家，要不很危险，既然这把输了，你还有机会继续较量，此阴人打法对家拿牌胜的概率15%，对家丢牌，你胜的概率为85%。

阴人手法有许多种，如葫芦，四条，同花……等许多方法，但这些都不常见，上述方法是概述大多数情况下。当然也会有这种情况，你A对，别人拼两对，你三条，别人拼顺子，你顺子，比如拼葫芦等。总之必须根据当时情况作出相应的对策。

三打一

三打一又叫"抠"，近几年较流行。一般由4人玩，通过叫牌，由一人坐庄，其余3人联合起来攻击庄家，以庄家失分多少来判定胜负。也可由3人玩，方法与4人玩时基本一样，不过每人手中持有的牌多一些。

三打一是定约游戏，坐庄者应利用选择主牌和调换底牌的权力，完成定约。

1.抓牌

将54张牌中的3、4（共8张）挑出来，剩下46张牌，反复洗牌数次后放桌上。4人转坐后按顺时针方向依次轮流抓牌，每人每次一张，抓满10张后停止，剩下6张作底牌。

2.叫牌

第一个人必须从75分起叫，然后依次叫牌，下家叫牌必须高出5分以上。不准抢叫，可以弃权不叫，每人只允许叫一次。

如前面3人都弃权不叫，最后一家如要叫牌，起码是80分，不能叫75分。如4人都不叫，则重新洗牌、抓牌、叫牌。

第二轮仍由原来先抓牌的人（形式庄家）先叫牌，如仍是4家都不叫，再重新洗牌、抓牌、叫牌。不过，第三轮叫牌时，在形式庄家必须从80分起叫。

如第三轮中形式庄家不叫，余下3人也没人愿叫80分以上的定约，则这盘牌按形式庄家以80分定约失败计算，在形式庄家累积的计分中减去6分。其他3人每人加上2分。经过一轮叫后，谁叫的定约分最高，谁就是真正的庄家。

3.牌张的大小

在有将定约中，将牌均大于副牌。

将牌大小顺序为：大王、小王、将牌花色2，其他3个2（以先出者为大）、将牌花色的A、K、Q、J、10、9、8、7、6、5。

副牌大小也是从A依次到5，三门副牌之间无大小之分。

4. 出牌

出牌由真正的庄家出牌，每次出一张，其余3人依次跟出一张花色相同的牌，大小不限。如没这种花色牌，可垫一张其他花色的牌，或用将牌将吃。每轮中比大小，最大的在下一轮出牌。每轮中的分数牌归最大牌收管。所有非庄家的人所得的分数牌累积计算。

5. 庄家完成定约计分法

完成起叫分75分折合1点，由于对方是3人，庄家共得3分。定约每升高一级（5分人完成定约后，折合点数增加1点，如庄家定约是75分，实际得85分，便折合为3点，庄家共得9分。

如庄家完成了定约，并给攻方"剃光头"，庄家所得阶数要比一般情况下完成定约应得分增加2倍。譬如，庄家完成了75分定约，而使攻方1分未得，则庄家应是3（分）×3=9（分）。

如庄家完成了100分的定约，折合为6点，乘以3人为18分，再乘以3倍，共得54分。

如果庄家超额完成定约，但被攻方拿到分，庄家所得分应按一般完成定约应得的点数计算，不增加点数。例如，定约为85分，攻方只得5分，庄家仍得3（点）×3=9（分）。

6. 攻方击破庄家定约计分法

如庄家调换6张底牌后，认为自己已经不可能完成定约，可推牌认输，只要庄家手中有大、小王中的任意一张，所失分数按一般情况下未完成定约应失的分数计算。

例如，庄家定约80分，看完牌后感到完成定约无望，硬打会输得更惨，便可推牌认输。只要他手中持有大、小王中的任一张。所失的分数为2×3（人）=6。也就是其余3人每人得2分。

如果庄家摊开牌后，发现他没大、小王，则失分要增加1倍，其余3人每人得4分。

对于形式庄家来说，推牌认输这一规则要充分利用。比如第一轮形式庄家抓的牌不好，不叫，其他3人也不叫。重新抓牌后，形式庆家只要抓到了大王或小王，就要慎重考虑。

如果不叫，若他人也不叫，第三盘形式庄家必须打80分定约，一旦第三盘抓上的牌质量仍不好，那么输掉的分会成倍增加，还不如趁第二盘抓到了大王或小王，叫一个75分定约，底牌若好就打，底牌不好就推牌认输，这样损失最少。

在攻方所得的分已经击破了庄家定约的前提下，攻方再多得15分，庄家失分就要加1倍。例如：庄家定约85分，结果攻方得了50分，庄家失分则要加2倍，结果攻方每人各得9分。

7.抠底

如果庄家被攻方"抠底"，不论攻方实际得到的分数是否击破定约，都按击破定约折算所失分数。并且要比一般情况下未完成所叫分数的定约所失的分增加2倍。

例如，攻方虽得10分，庄家定约为80分，但被攻方抠了底，在家则要按80分被击破所失分的3倍计算，即：2×（点）×3（人）×3（倍）18（分）。攻方3人每人得6分。

如攻方实际得分已将庄家定约击破，而且又抠了底，计算庄家失分时，应把击破定约所失的点数及被抠底所失的分加起来。例如庄家叫的定约是80分，攻方得了40分，超过完成20分，加倍。另外抠了底，又要增加2倍。总失分为［2（点）×2+2（点）×3］×3（倍）=30（分），攻方每人各得10分。

十点半

十点半游戏由一副牌共52张组成(不包括两张王牌)。其中A代表一点，2代表二点，3代表三点……10代表十点。剩下的J、Q、K均代表半点。

1.规则介绍

刚坐下时，选定一个人是否坐庄，若该人不坐庄时，依次由下个人选择是否坐庄，当所有人都不选择坐庄时，则认定选择分值最多的玩家坐庄。

游戏一轮过后，这轮的赢家开始选择是否坐庄。(顺序为庄家开始判断，假设本轮庄家赢，则还是由庄家开始选择是否坐庄，若庄家输，则由庄家右方那个赢的玩家开始选择是否坐庄)。

发牌时，从庄家开始发牌，一人手持一张牌后由庄家开始决定是否要牌。停牌后下一家选择是否要牌，所有玩家停牌后开始结算得分(选择停牌的玩家不可以再要牌)。

游戏由庄家和闲家之间对比大小决定胜负，闲家和闲家之间不对比大小。庄胜则获得闲家下注游戏币，闲胜则由庄家付给闲家所赢游戏币。游戏中闲家持有最大牌时可翻2倍赢得下注游戏币，庄家持有最大牌时通杀闲家，但不翻倍赢得游戏币，通杀时闲家弃牌，开始结算。庄、闲同点时庄胜。

游戏以牌面的点数相加最接近十点半者获胜。超过十点半则为爆点。最大牌的定义：牌面点数之和为十点半，或者5张牌不爆点就为最大。

2.特殊规则

（1）五张十点半

闲家手持5张牌的点数相加正好为十点半，可翻4倍赢得游戏币(庄赔4倍)。

（2）庄家五张牌

庄家要到5张牌后，所有闲家不可以要牌。此时有2种情况：(1)五张不爆点=通吃。(2)五张暴点=通赔。

（3）闲赌庄爆点

结算时若庄家爆点，闲家手持一张半点牌(J、Q、K)时，闲家翻2倍获得下注游戏币（庄家5张暴点除外）。

二十一点

1、术语介绍

庄家：本轮坐庄的玩家。

闲家：本轮不坐庄的玩家。

暗牌：只有自己能看见的牌，其他游戏者显示牌的背面。

明牌：所有游戏者都能看见的牌。

爆牌：玩家手中牌的总点数超过21点。

BlackJack：一张A带一张10点的牌，比其他21点的牌大，例如（A、Q）。

停牌：不再要牌，等待其他人操作。

要牌：根据自己手上的点数决定是否要牌，如果要牌，则系统再发一张牌给你。如果要牌后总点数超过21，则算爆牌，输掉本轮游戏；若要牌后点数为21点，则不能再要；如果要牌后总点数不到21

点,则玩家可以继续"要牌"、"停牌"、"加倍"。

加倍:下注加倍,同时再发一张牌,不论是否爆牌,都不能再要牌。

分牌:若前两张牌点数相同,则可以选择分牌,将这两张牌分成两手牌,由这个玩家一人操作,每手牌的下注与开始的下注相同。分牌后不能"加倍",拿到BlackJack牌型也只算普通的21点。

2. 点数计算

每张牌都有点数,2到10的牌的点数就是其牌面的数字;J、Q、K的点数是10分;A有两种算法,1或者11,如果A算为11时总和大于21,则A算为1。例如(A,8)是19点,(A,7,J)则为18点。

3. 比较大小

闲家要牌过程中如果出现爆牌,则庄家胜(不论庄家后来是否爆牌)。

庄家要牌时爆牌,则闲家胜(除了开始已经爆牌的闲家)。

点数大的胜过点数小的,BlackJack胜过其他21点的。

庄家和闲家点数相同是算和局(包括同为BlackJack)。

4. 游戏流程

游戏开始后每人发两张牌,第一张其他游戏者不可见。闲家可以选择"要牌"、"停牌"、"加倍",如果前两张牌相同,还可以"分牌"。所有玩家要完牌后庄家开始"要牌"或者"停牌"。每个闲家和庄家比较大小。

大老二

1. 规则介绍

一开始每个玩家都会拿到13张牌,拿到梅花3的人可以优先出牌,你可以选择打炼单、对子、顺、同花、葫芦、铁只、同花顺等牌形。

一开始拿到梅花3的玩家先出牌,可以任意打你想打的牌型,轮到你时你只能打出比其大且张数相同的牌，当上一个玩家打5张牌的牌型如顺、同花、葫芦、铁只、同花顺时，玩家就可以打同样是五张牌的牌型去钉死它。

5张牌的牌型先后顺序为：同花顺＞铁只＞葫芦＞同花＞顺花子。

2.牌型介绍

炼单：单一张牌。

数字由小排到大是3、4、5、6、7、8、9、10、J、Q、K、A、2。

花色由小排到大是梅花、方块、红心、黑桃，要是数字相同，就得比花色。

对子：两张数字相同的牌型。

数字大小跟炼单的方式一样，但如果遇到两个同数字。就得比花色，比的方式只比一只。

顺：5张连续数字的牌型。

大小顺序：2、3、4、5、6最大，A、2、3、4、5最小。但要注意的是只到10、J、Q、K、A，没有J、Q、K、A、2。要是遇到相同

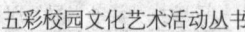 五彩校园文化艺术活动丛书

的牌型就得比最大的那一张牌的花色,由小排到大是梅花,方块,红心,黑桃。

同花:5张花色相同的牌型。

葫芦:3张数子一样的牌再加一副对子。

铁只:4张数字一样的牌再加任意一张牌。

同花顺:5张连续数字且花色相同的牌。

放弃:要是轮到你打牌,但你不想出牌或者没有牌可以打时,选择放弃就会轮到下一家。

扑克的单人玩法

欢乐迷宫

1.基本牌局

从牌中取出所有花色的A和K，排成一行，A主要是按同花色向上对接到K，K主要是按同花色向下对接到A。

然后，发10张牌，当作机动牌的起始牌。这样就能使可用的牌对接上，并从手中抽出牌来填补空位。如图所示

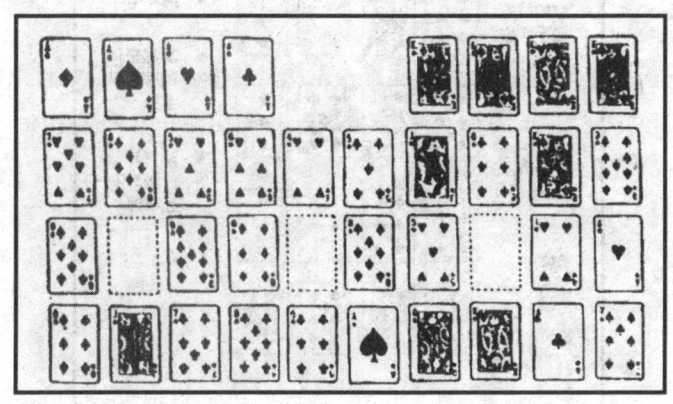

2.具体打法

当接牌无法进行时，在上一行机动牌下方再发一行10张牌，每行两端（最上方和最下方各一张）的牌是可用牌。

如果只有两行牌，那么所有的牌都是可用牌；如果只有3行机动牌，第1行和第3行便可当作可用牌。

从上下一端打出的牌都可使相邻的那张牌抽出。在发另一行牌前，要先填补下面一行的空位。从某列接出两张以上的牌时，只可填补最下面的空位。

暂且不要考虑机动牌中间的空位，因为只有上下两端的10张牌是可用牌。

待所有的牌都发完后，就可从机动牌上抽出一张牌，这张牌取走后，其相邻的两张牌都是可用牌，这是可用牌的唯一机会。

四条龙

1. 使用牌数

48张，抽出两张王牌和4张10。

2. 具体玩法

洗好牌后，使这些牌排列4行，每行4张，共16张牌，从左到右的

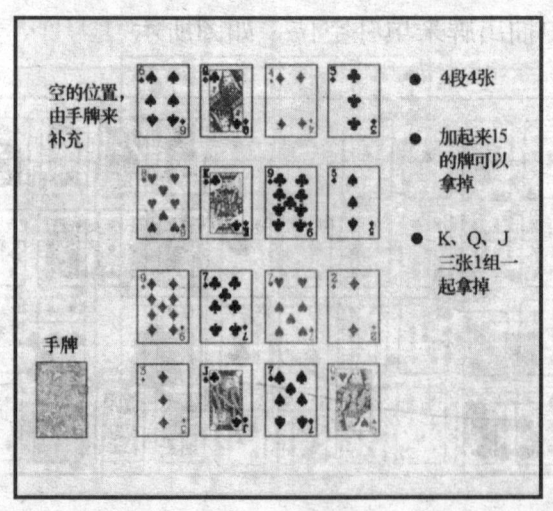

顺序依次翻开排列。剩下的32张充当手牌，如上图所示。

从16张牌中，找出相加结果是15的牌（2张或3张都可以），且是相同花色的，而后把它们取走。K、Q、J同时出现时，可以当作一组拿掉。在空位上，从第一行的右边开始，分别用手牌补充。48张牌都用完了，那么你就获胜了。

后方战事

1.使用牌数

两副扑克牌，去掉大、小王，共104张牌。

2.开局布置

首先摆两列牌，每列放4张牌，在两列牌之间留一些空间，以便容纳4列牌。这8张牌也就组成了一个阵地。如果没有发到A或K，玩家应重新洗牌后再发。在一侧牌的下面摆放6叠牌，每叠4张牌，作为前线，如图所示。

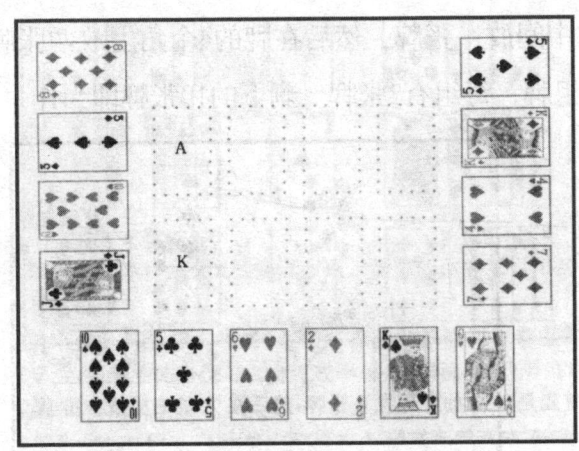

发牌时要正面向下，然后把各叠牌理齐，翻过来时正面向上摆好，使玩家只能看到顶牌。此时，要把前线及一侧的4种花色的A和K移到阵地中间，A在上，K在下。这4种花色的A和K为基牌，玩家要按牌的花色做成A~K的递增序列和K~A的递减序列。

两侧的每张牌、前线的所有顶牌都可跟基牌相连接。两侧中出现多少空位玩家就在前线牌中翻看几张牌。空位的填补由玩家自己决定。前线牌因为整叠牌都移走了，因而出现了空位，这可以由另外4张手牌来填补。

当游戏陷入僵局时，玩家应往每叠前线牌上再发4张牌。这4张牌必须先正面向下，整理完后才可以翻过来。最后一轮发牌时，剩下的牌也许不够发4张,这时应逐张发,发完为止。牌的正面向上,这样可以跟基牌连接。

游戏过程中可以再发两次牌。如果再次发牌,玩家应按相反的顺序把前线牌拿起来。这样,右边的前线牌也就落到了新手牌的顶部。

微笑的玫瑰

1.使用牌数

52张牌,除去大、小王两张牌。

2.基本牌局

首先在中间放一张牌,然后在牌的4个角上放两张牌,再在每张牌的两个角放一组牌,每组有3张牌。剩下的19张牌即当作手牌。如图所示。

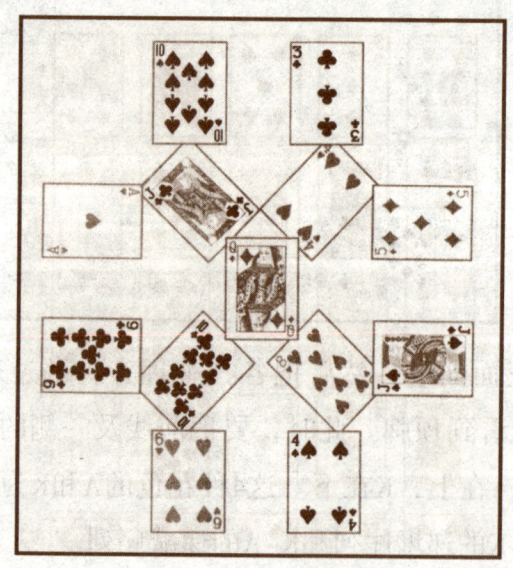

3.基本玩法

把两张同点的牌配对并拿掉。如果把所有的牌都拿掉了,游戏也就结束了,那么你也就获胜了。场牌中相同点的牌取走后,下面的牌才可以使用,但应从外向内取。只有在上面的牌取走后,被压着的牌才可以使用。

场牌中没有相同点的牌时,将下牌逐张取出,看是否有与场牌同点的牌，有的话就配对拿掉，没有就放在一边。如果手牌中有两张相同点的牌，也可以配对取走。手牌要逐张拿掉，直到全部牌拿掉为止。

十月围城

1.使用牌数

52张牌，去掉大、小王两张王牌。

2.基本牌局

在洗牌前，先把4个A抽出来，把它们纵向排列起来，并且正面向上。洗好牌后，在A的两边分别摆上4行明牌，每行6张，如图所示。

此游戏是要做A~K的4种花型的升点序列。

3.基本玩法

查看两边的牌，每一行从左至右的牌是否可连接（这些牌不限花型），如果有的话，就把它们连接起来，而且递增或递减都可以。例如，方块3不仅能接方块2，还可接方块4。

由于移动后就会造成空位，可以拿其他行中的右边的第一张牌来替补。移动的结果要形成A~K的序列，且是花色混杂的4列。最后调整牌，使它们形成4个同花色的序列。

坎坷岁月

此游戏是最流行的简单相加游戏。在实际玩法中本游戏的成功几率是很小的。

1.基本玩法

首先把牌从左到右摆成一排,在第6张时,游戏正式开始。如图所示。

当遇到某张牌跟右邻的牌或右边隔两张的牌是同绘牌或同点牌时,左边的这张牌可以放在右边相邻或相隔两张的那张牌上。

若是这张牌跟右邻第一张牌配对,又跟相隔两张的牌配对,取哪一种都可以。图中的红心Q还可以叠放在这叠牌上,新的这叠牌又可以叠放在黑桃Q上,红心4可以叠放在红心10上,这两张牌又可以叠放在梅花4上。

玩家可以把红心4放在红心Q上,若是这样放,就会把这叠牌叠放在梅花4上,游戏就不能正常进行下去。如果一副牌这样叠成一叠,你就获胜了。

同花顺

同花顺由相同花色牌的A、K、Q、J和10点牌组成。

1.开局布置

把一副牌摆成5组,剩下的2张牌放在第一叠和第二叠里,牌的正面要向下。

2.游戏方法

把第一叠牌翻开,正面向上,如果顶牌是一张10点或是较大的

牌,那么该牌锁住了同花顺。如果顶牌不是10点或不是更大的牌,就将这叠牌逐张移开,直到找到10点或更大的牌为止。

第一叠牌里面如果没有10点或更大的牌,就翻开第一叠牌,并按第一叠牌的方法找到这张牌。同花顺被确定后,每叠牌都要翻开,并且正面向上,然后将顶牌移走,再继续往下移,直到出现同绘牌为止。

如果没有同绘牌,整叠牌都可以移走。最后,剩下的每叠牌的顶牌都应是同绘牌。

按相反的顺序把每叠牌都拿起,使最后一叠牌在手牌中的上端。这时,把手中的牌正面向下摆成4叠。使其翻开,把顶牌移走,然后继续往下移,直到出现同绘牌为止。

按照此方法,可以把压在同绘牌上的那张牌移走。每次将摆好的牌移走一叠,直到最后只剩下一叠。如果这叠牌的5张牌都是同花顺,并且没有其他杂牌,你就成功了。

雄辩外交官

1.基本牌局

在左右两边各发4张牌,并摆成一列,一定要先左后右。最后按这种方式轮流发牌。

注意,新发的一列牌要压着前面的那列牌,稍微留点空间。这样牌一共发4列,16张牌。如图所示。

当发到A牌时,将它们全部如图所示放在场牌中间,并作成连接到K的序列,要按照相同花色进行。

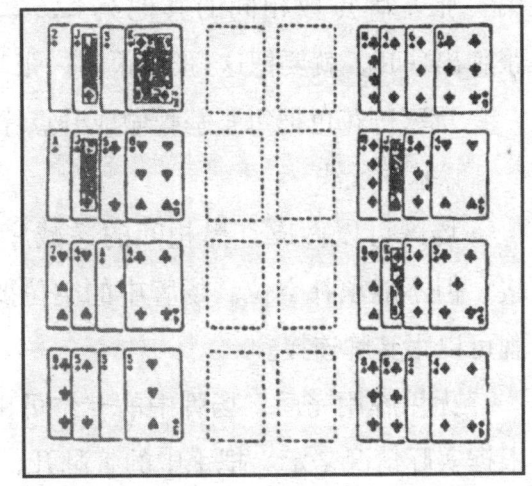

2.具体打法

场牌做成降点序列时,可以不考虑花色。场牌中的空位可由可用牌、无用的顶牌和手牌填补上。可用牌也就是场牌中的顶牌。场牌的可用牌、无用的顶牌和手牌都可跟基本牌、场牌相连,或者填补空位。

将手牌逐张翻开后,把无用的牌正面朝上放在一起,并放于桌面的后边,可当作舍弃牌。舍弃牌的顶牌和手牌都可以跟基本牌或场牌相连。

坎菲尔德

这种游戏来源于纽约市萨拉托加的一家赌场。

1.基本牌局

如图所示,从纸牌中抽出13张牌,正面向上放在桌面的左边,充当场牌。

首先在牌的右上方发一张牌,作为基牌。在牌的右边摆出3张牌,作为场牌。如果跟第一张基牌点数相同的其他3张牌出现时,就要把这3张牌跟第一张基牌摆成一排。

玩家按花色把每张基牌做成升点序列。

2.基本玩法

场牌可以做成红黑相间的递减序列。场牌的顶牌可以跟基牌连接,但不能填补空位。场牌中的空位要由无用牌来填补,无用牌的顶牌可以跟基牌连接。

无用牌用完后,场牌中的空位可由舍牌或手牌来填补。玩家可以根据实际情况来定。把手中的牌翻开,并且每3张一组,不要使它们的顺序发生改变。然后正面向上放在一起。

按此方法重新发牌，在不足3张时，把这叠牌收起来，作为暗牌，放在剩余的一张或两张牌下，重新发牌。没有次数限制，直到获胜或无法进行。

四人聚会

1. 使用牌数

52张牌，把两张王牌抽出。

2. 基本玩法

洗好牌后，在台上把8张牌背面向上，排成一行，在这8张牌上，再按照顺序压上两张牌，那么也就形成了3行，8列，如图所示。

此游戏目的是要按一定方法移动纸牌，最后使牌形成A~K的同一花色的升序。牌布置好后，就把最上面的8张翻开，如有A（无论是哪一种花型的A），则就把它拿出来，当作基牌。

然后在翻开的牌中，看有没有同一花型、数字相连的牌，若是有的话，就移动牌，把它们连起来。第一次移动时，只移动可连接的牌，再以后，则要把它以及压在它上面的牌一起移动。把翻开的牌移开后，又可以翻一张压在上面的牌。

若是翻开的牌都不能连接，那么就把剩下来的牌拿在手中，从上到下依次翻开，若是有可连接的牌，就把它放在台上，若不能就放到一边。若是所有的牌都翻开了，手中的牌也用完了，序列还不能完成时，就把没有用的牌再拿起来翻动，还不能完成，那么游戏就失败了。

战争风云

这是一种整副牌都摊开的游戏。这种游戏要想取胜是比较困难的,但却能够锻炼你的智力。

1.基牌

从整副牌中取出4张A,并把它们摆成一列,做成A~K的同一花色的递增序列。

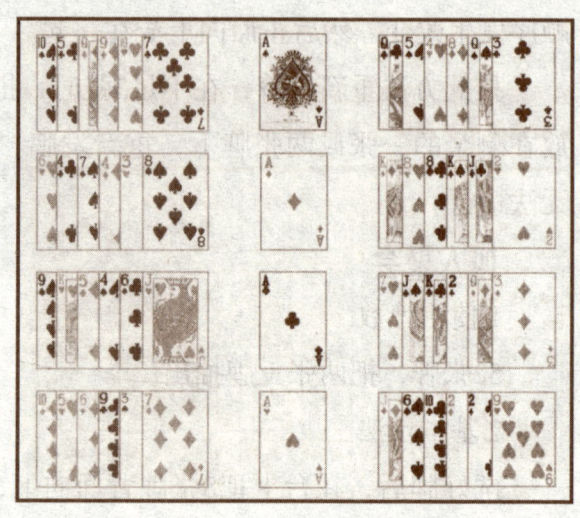

2.开局布置

首先把剩下的牌组成两列,分别位于基牌的两侧,作为场牌。每一列由4行牌组成,每行6张。后来发的牌压在前一张牌上,如上图所示。

发牌顺序是逐列进行,首先在A的左边发4张牌,然后在A的右边发4张牌。玩家按此方法轮流发牌。

3.游戏方法

每排只有一张可用牌。可用牌可以跟基牌相连,还可以连接成递减序列,在连接时,是不分花色的。由于场牌移走后,就会出现空位,可由任意一张可用牌来填补。

时钟旋转

1.使用牌数

52张牌,抽出两张王牌。

2.基本牌局

所有牌背面向上放在桌子上,按时钟数字的顺序排列。首先从1点、2点、3点直到12点逐张排列,最后在中央位置放一张牌。一共排4次,这样每个位置都有4张牌。

3.具体玩法

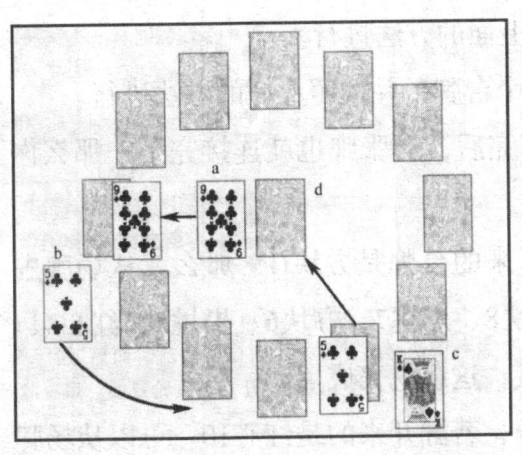

首先把处于中央位置最下面的一张牌翻开。翻开的若是梅花9，就把这张牌放在9点位置的牌上面。再拿出此组牌的最下面一张。翻开来的如果是梅花5，放在5点的位置上，再翻开此组牌最下面一张。翻出来的若是黑桃K。K代表13，由于时钟上没有13，就把它放在中央位置上，再从此组牌中拿出最下面一张。如图所示。

如此这样，找出每个位置相同的数字各4张，A~K所有的数字1组4张，共13组52张，能够全部组合成，那就赢得胜利了。

如果在组合成13组之前，就已经出现了4张K，那么中央位置也就没有可抽的牌，那也就输了。这时，只考虑完成的组数，组数多的人为赢家。

高尔夫

1.使用牌数

52张牌，去掉大、小王两张牌。

2.具体玩法

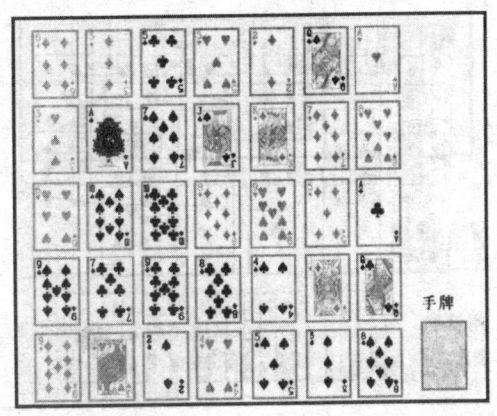

如图所示，首先排列成五行七列，共35张牌，从第一行开始，从左到右依次排列，其余的牌充当手牌。先翻开手牌的顶牌，放在右下方，作为台牌。并做这张台牌的递减序列，一直连接到A。接着，再翻开手牌的一张顶牌，做下一个台牌。并按照上面的方法进行。

开手牌的一张顶牌，做下一个台牌，并按照上面的方法进行。

经过几番连接，17张手牌用完后，35张牌也就连接完了，那么你也就成功了。

通过实例来说明：如果翻开来的台牌是方块Q，那么就从场牌中拿出方块J、黑桃10、红心9、方块8、黑桃7、方块6、黑桃5、红心4、黑桃3、方块2、梅花A等牌做连接，这组就完成了。

从手牌中再翻开第2张当台牌，若翻开来的是红心10。可以从场牌中拿出方块9、梅花8、方块7、红心6、梅花5、黑桃4、红心3、黑桃2、红心A等牌做接续，这组也就完成了，如右图所示。

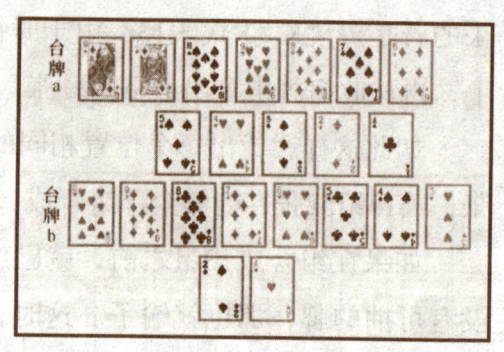

台牌连接完后，再翻一张手牌当台牌。35张台牌用完也就成功了。如果手牌用完了，场牌还没有用完，这就说明失败了。

空中花园

1.基本牌局

如左图所示，先发6行牌，每行发6张，组成一个花园（场牌）。下面的一行场牌要稍微压着上面的一行。然后把剩下的16张牌放在花园的下方，以便组成花束（储备牌）。

待发到A牌时，在花园的上方，并把它们摆成整齐的一

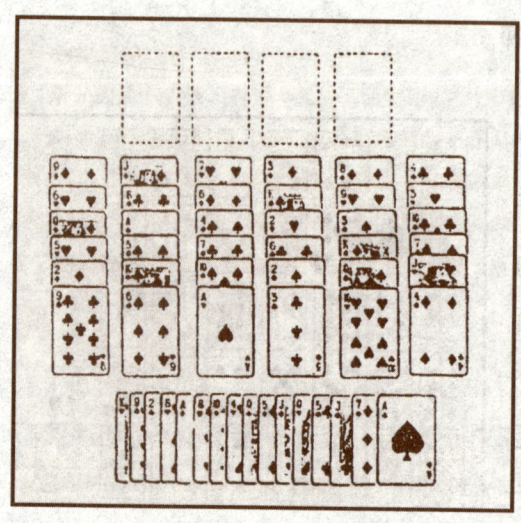

行,然后做成连接到K牌的升点序列,在排列时要按同花色进行。

2.具体打法

花束中的牌都可以跟基本牌、牌场牌相连接。花园中每列牌的底牌也可以跟基本牌相连。花园牌可以逐张移走,也可以做成降点序列。

由于整副牌都移走后,花园中就出现了空位,这样可以由任何一张牌来填补。

一轮明月

1.使用牌数

52张牌,抽出大、小王两张牌。

2.具体玩法

首先进行洗牌,接着排列成第一行7张、第二行6张……第七行一张,依此类推,而后把牌整理好。然后,把每行的第一张牌翻开,其余的24张充当手牌。

3.连接条件

要做成A—K,4组的连接牌,必须符合下列条件:

(1)连接要红色牌(方块和红心)和黑色牌(黑桃和梅花)相互交叉排列。

(2)A作为台牌时,放在桌面的左侧,此时不考虑场牌或翻开的手牌,都是一样的。如图所示。

(3)连接时由最小的数排起,到A台牌时,要接A的上一个数2。

(4)翻开的场牌在和其他的场牌连接时能够移动。移动后,可将空下来那一排最下端的牌翻开。

(5)翻开的场牌移动时,直到

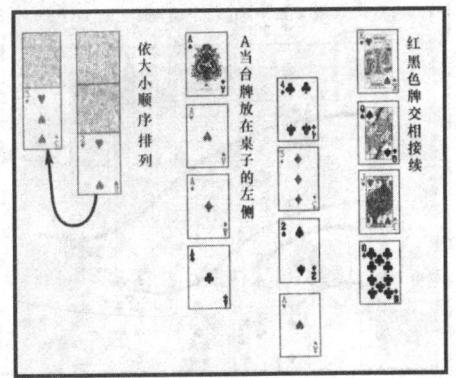

第一行没有牌。

（6）场牌没有可以连接的牌时，手牌可以同时翻开3张，从中找出可以连接的牌。如果无法连接，可当无用牌放在一边。

（7）手牌用完时，那些无用牌可以作新手牌使用，但只能使用3次。这样，如果可以组成4组，那就算完成了。

（8）如图所示，排列28张牌，在翻开的7张牌中，找出可连接的牌。

（9）第7行的红心A可充当台牌，并向左边移动。

（10）第3行的红心4和第6行的方块3不能同时形成红色牌和黑色牌，所以不能连接。因为第7行的红心A移走了，第6行的第2张牌可以翻开，翻开来是黑桃9，无法连接。

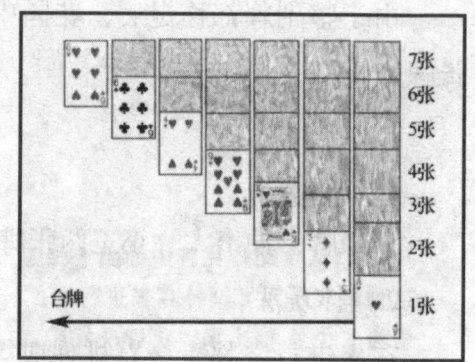

（11）接下来再翻开3张手牌。

（12）第一张梅花2可以与台牌的红心A连接，第6行的方块3和梅花2也可连接，第5行的第2张牌翻开是红心8，可以与第6行的黑桃9连接。

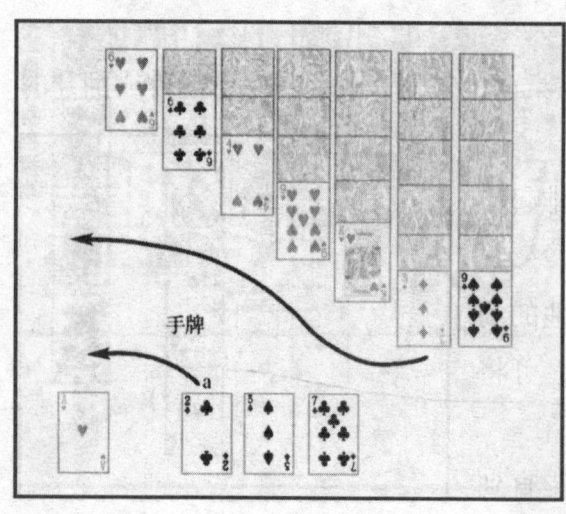

（13）然后翻开第4行的第3张牌，如果是方块4的话，就无法连接了。

（14）手牌第2张黑桃3可以与第3行的红心4连接。

（15）手牌第3张梅花7可以与第6行的黑桃9、红心8连接，也可与第1行的红心6接续。

（16）因为第一行的第一张空出来了，那么可将第5行的红心K移到最上面。如果没有牌可连接，可以翻开3张手牌，如图所示。

（17）这样，相互连接红、黑色的牌，如果翻开的手牌无法连接，可以不用。如果手牌用完后，无用牌就可当手牌使用，但只能用3次，如果能够组成4组连接牌，那么就成功了。

梯形倒立

1.使用牌数

52张牌，去掉大、小王两张牌。

2.基本牌局

首先发7张牌，并摆成一行，第一张牌要正面向上，其他的牌正面向下。接着再发6张，稍微压着第一行。第一张要正面向上压在第二列上，剩下的正面向下向右摆好。

按照此方法发下去，每一行都要比上一行少发一张，每行的第一张正面朝上，剩下的正面朝下。全部场牌由7列组成，第一列一张牌，第二列2张牌，第三列3张牌……第七列7张牌，形成一个倒立的梯形，如图所示。

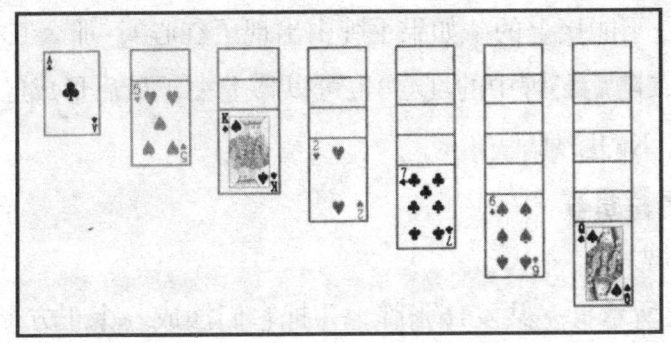

3.具体规则

此游戏主要是运用一定的技巧来移动纸牌的，使场牌形成红黑交替的下降序列，到最后使这些牌移到基牌上去，使基牌形成4组同花型的"A、2、3……K"的上升序列。

4.基本玩法

如果出现了A，就把它移到场牌的上方作为基牌，以便做成4个花色的序列。若再遇到场牌中的2、3、4……K，都可以移上去。

待场牌布置完后，要先看正面向上的牌，A单独放在场牌上方，其他牌可以连接起来的就移走，小牌移到大牌的下面，形成红黑交替的下降序列。

只要能连接上，就可成列移动，只有每一列的顶牌才可跟基牌相连，也就是移到基牌上去。正面向上的牌移开后，下面的牌才能翻开。

如果场牌中的序列无法进行时，就要翻开手牌。手牌只能翻3轮，第三轮不能完成序列就说明失败。手牌在第一轮时，每3张翻一次；第二轮时，每2张翻一次；第三轮时，每一张只翻一次。

在这些翻过来的牌中，压在下边的是不能用的，只有最上面的可以用，这张牌根据需要既可做场牌序列也可做基牌序列。当出现A时，同样要放在场牌的上方。场牌中出现的一列空位只能由一张K或底牌为K的序列来填补。

基牌序列是这样做的：基牌已经出现了红心A，场牌中有了红心3，那么这是不能接上的。如果手牌中出现了红心2，那么红心2可以移到红心A上，随后场牌中的红心3也可以移上去，最后形成红心A、2、3……J、Q、K的序列。

女王接待贵宾

1.基本牌局

如下图所示，一共发16张牌，并把它们摆成一个正方形，每条边上4张，这样就构成了前厅，厅的中间是接待室。

2.具体玩法

把4张J移进接见室后，就作为基牌，也要做成连接到2的递减序列。当同花A也可用时，玩家把J移入接待室，再把J叠在A上，一起移

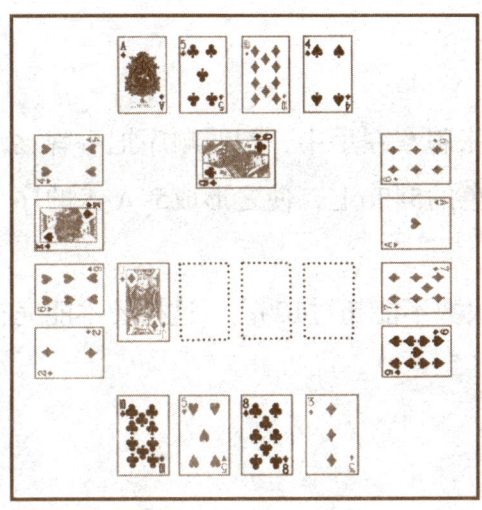

入接待室。这样A就被成为了无用牌。

此时K和Q也可移走,但只有当同花的K和Q出现时,才能移走。等所有的K和Q叠放在接见室内,最上面放一张Q。前厅中的所有牌都可跟基牌相连。

把手中的牌逐张翻开,并且马上填充空位。接下来把不用的牌正面向上放在一起,作为无用的牌。那些无用牌的顶牌和手牌都可以跟基牌连接。当同花A—J和同花K—Q在前厅时,无用牌的顶牌或手牌成对出现时,玩家就可把这些牌移入接待室。

关押皇后

1. 使用牌数

52张牌,去掉大、小王两张牌。

2. 基本牌局

在z整副牌中,首先抽出4张Q,把它们排列成一个"十"字,然后抽出所有的5和6,相间摆在4张Q形成的"十"字周围,看上去就像是一个菱形,如图所示。

3. 基本规则

以5和6作为起点,按照花色分别做成4个5、4、3、2、A、K的序列和4个6、7、8、9、10、J

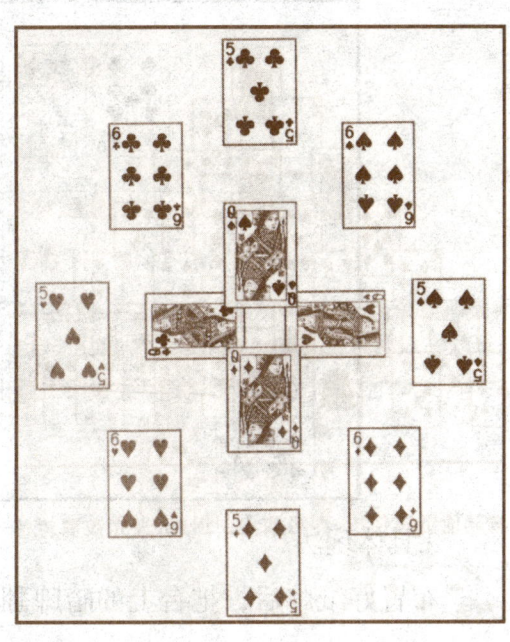

的序列。

4.基本玩法

所有牌布置完后，把剩下的40张牌拿在手中，按照顺序把手牌逐张翻出，可以接序的牌放在相应花色的5和6上，使之形成5~A~K的序列和6~J的序列。

每翻一张牌就算一次，翻牌的次数不能超过100次，这样还不能完成的话，就说明失败。

凯旋门

1.使用牌数

两副牌，104张，除去4张王牌。

2.基本牌局

先抽出两副牌中的8张A。牌洗好后，便开始布置牌。在左、右、上面的方向各放4张牌，构成一个门，然后把8张A排成两行，分列在门内，如图所示。此游戏主要是做成8个从A—K的递增序列，还要求是同一花型。

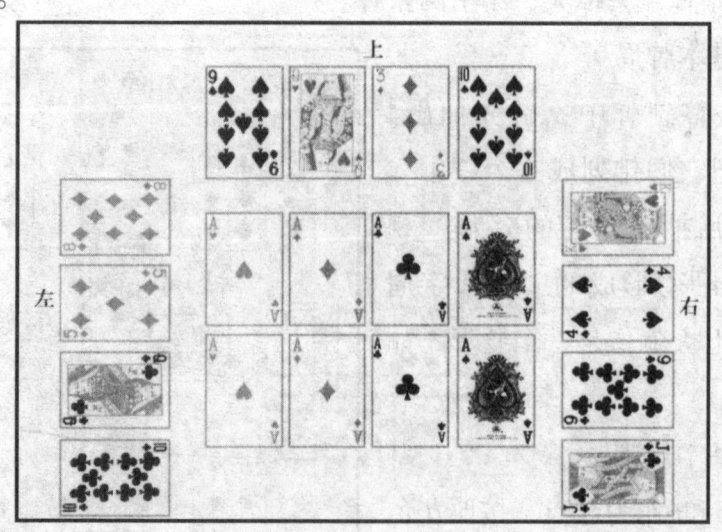

3.具体玩法

布置好纸牌后，把台上的暗牌翻开，先看右边的4张牌是否可与A

（同一花型）连接，若是可以的话，就把它移到A下，然后把台上的牌按顺时针移动，空出的位置用手牌来填补。

若是右边的牌不可连接了，就翻看上面的4张牌，如果上面的也不行，就翻看左边的牌。若是所有的牌都不行，就把手中的牌逐张翻开，能够与A连接的，就放到A的序列上，直到台上的牌连接完。

翻过的牌不要丢弃，把它放在手牌的最底端，再进行下一轮的翻牌。这样进行下去，直到各序列形成为止。这个游戏看上去很难，其实很简单，关键在于有没有足够的耐心。

成双成对

1.使用牌数

52张牌，抽出两张王牌。

2.基本牌局

牌洗好后，开始布置牌，横向上放7张牌，每一张上面再压5张牌，第一、第二行是暗牌，牌的背面向上；而第三行到第六行是明牌，正面向上。如图所示。

游戏的目的是要根据规则移动纸牌，最终形成从K~A，4种花型的递减序列。

3.具体玩法

纸牌布置好后，把4行牌翻开，看是否有可连接的牌，若有的话，就移动牌,使它们连接起来。如果移动的牌不是最下面的牌,它的上面还压着其他牌,就只有把压在上面的牌都移开后,才能翻开下面的牌。

如果游戏无法进行时,要翻开余下的牌,找到能连接的牌,使游戏继续下去。如果翻开余下的牌也不能连接,那只有宣告失败。

女强人

1.基本牌局

"女强人"是指牌中的4张Q。当取胜时,4张Q就压在了基本牌上。把牌中所有的K,2,3,4,5,6去掉,剩下的牌自上而下是Q~7各4张,还有4张A。

先发4张牌,摆成一行,作为储备牌之用。在4张A成为可用牌时,在储备牌上方把它们排成一行,A要按从左至右的顺序排列,并按同花向上对接到Q。

2.具体打法

储备牌的第一张可与上方的基本牌对齐,除了发牌外,储备牌中的空位不用填补。

每一次可以发4张牌,而储备牌只可发一张,等到首轮发完后,要对接出符合规则的牌,不断发牌,直到发完为止。

在发牌完成后,可以重发两次。按发牌顺序收起4组储备牌,合上后并组成新的一组牌,然后继续发。

十四点

此游戏主要是在行列各4张牌的方阵中,取出两张相加得数为14的牌。

1.使用牌数

两副扑克牌,去掉大小王4张牌,共104张牌。

2.具体玩法

两副扑克牌反复洗几遍后,把牌排成行4张牌,列4张牌的阵形。在排列时,第一层发16张牌,正面向下,接着发第二层,第二层要压在第一层上面;第三层又压在第二层上;依此类推,发到第五层时,就可停下来。

上面5层牌都是暗牌,第六层为明牌。这样,方阵中的中间牌每叠6张,共96张牌。剩下的8张牌分成两叠,每叠4张,放在方阵的左右两边,牌面向下。

摆好方阵后,再从16叠牌中找出得数为14点的两张牌。游戏规定牌的点数为:A~1点,J~11点、Q~12点、K~13点,牌的牌点与数字是相同的。例如,红心7与梅花7、梅花3与梅花J、红心K与黑桃、A红心4与黑桃10都可以合成14点,可把这些牌相应拿掉。

这些牌拿掉后,把每叠下面的暗牌翻起一张,再在这16张明牌中找14的两张牌。游戏按此法进行,如果16张明牌中没有合成14点的牌,那么就要用左右两边的8张牌。

可把两个备用牌墩最上面一张牌翻出来,看能否合成14点。如果说不能与方阵中的牌合成14点,两个备用牌也可合成14点,然后再翻下去。如果方阵中的96张牌全部合成14点,那就成功了。

如果在游戏中出现了18张明牌(即方阵加上备用牌),都不能合成14点,那么游戏就失败了。

八龙入穴

1.使用牌数

2副扑克牌,去掉大小王牌4张,共104张牌。

2.具体玩法

把扑克牌反复洗后,从左至右在翻出8张明牌,排成横列。上方8个虚线方格代表龙穴,下方虚线方格可放多余的牌(牌面向下放置),供玩家翻牌用。如果A出现在明牌中,可以移到任何一个龙穴

上，每一张A占据一个龙穴。

在翻牌移牌过程中，再出现与入龙穴的A花色相同且相连的牌，便可由大到小接上去。例如红心A已移到龙穴，若出现了红心2、红心3……便可按照大小的顺序接上去。

在明牌中如果有可连接的牌，可以连接上，但要大牌在上，小牌在下。移接的时候只要求是连号，而不论其花色是否相同。例如，方块8可以接在方块9的后面，方块3、方块4可以移到方块5或黑桃5的后面。

经过接牌之后，原来的8张明牌上也就出现5个空位，这时翻5张牌补入空位。如果补入的5张牌为方块2、红心3、红心K、黑桃8、梅花9，那么，其中的方块2可移到"龙穴"里的红心A上。红心3的出现，使梅花2、红心4之间又有了连接牌，这样又会出现在空位上。

当桌面上出现没有了连接牌时，就要利用牌叠中的牌来补救了。方法是逐张翻起明牌，每翻一张便都要看一下，找到龙穴或者连接牌。

如果能接上去，又出现了空位，那么再翻牌补位。在桌上的牌经过移位后会出现明牌连成一行。例如，若翻出一张梅花4，这时便就能够把方块3、红心5连接起来。

在归入龙穴时，只能将活牌归入，假如要使压在下面的牌归入龙穴，必须先将上面的牌移到空位或接到其他行去。所有的牌都翻完后，八龙还没有入穴，游戏也就失败了。

如果说所有的牌都归入了龙穴，形成两列4种花色的A、2、3、4、5、6、7、8、9、10、J、Q、K的8条龙，并且这8条龙也都归入了"龙穴"，游戏就成功了。

聪明的国王

1.基本牌局

首先发9张牌，使之摆成一行。接着再发8张牌，并从第一行的第二张牌开始，要压着第一行。第三行发7张牌，第四行发6张牌，依次

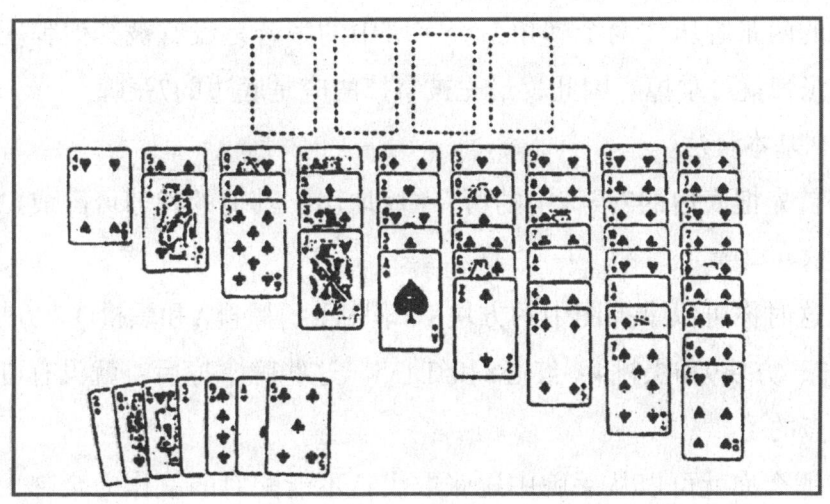

类推，做成场牌。如图所示。

做好的场牌共有9列，第1列一张牌，第2列2张牌，直到第9列9张牌。剩下的7张牌作为储备牌。

2.具体打法

待发到A牌时，把它们摆成一行，使其连接到K牌的升点序列，不考虑同花色。

储备牌可以和基本牌、场牌相连接。每列场牌的底牌都可以与基本牌或另一列场牌相连，每列场牌也可以做成红黑交叉的降点序列。到最后，整列场牌都移走后，所出现的空位可以用可用牌来填补。

金字塔

1.基本牌局

把28张牌摆成金字塔形，如图所示。

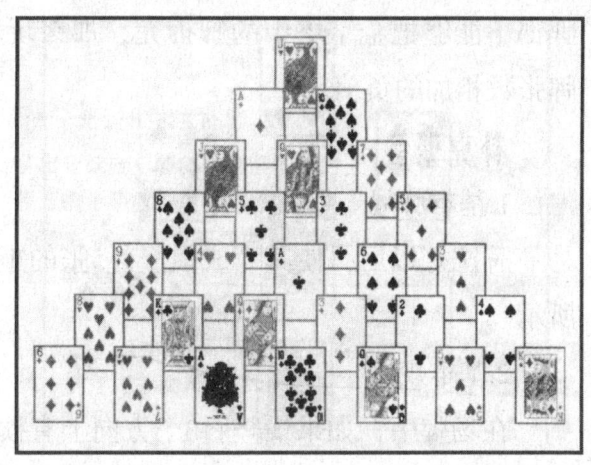

最上一层放一张，下面一层是2张，再下一层是3张，依次是4张、5张、6张、7张，每一张牌都被下

一排的两张牌压住两个牌角,金字塔中的牌若是没有被其他牌压住,那这张牌就可拿掉。因此,最先被拿掉的应是底边的7张牌。

2.基本玩法

首先把底边的7张牌中的所有K牌取出,其他的牌若可配成13点,就把这些牌拿走。

这时你可以拿掉图中的方块K、黑桃K、黑桃A和黑桃Q、方块6和红心7、方块9和黑桃4、红心8和红心5。这些牌拿掉后,就没有可以配成13点的了。

那么你就可以从手牌中逐张取出,不能配对的就作为余牌,正面向上放在一起,这组牌的顶牌和手牌可以任意使用。

需要注意,从手牌中取出的牌可以和余牌中的一张牌配对。要想获胜,你要把金字塔中的所有牌拿掉,而且余牌也要拿掉。

3.记分方法

这是两人玩金字塔游戏的记分法。总共分为6局,每一局可以使用两次手牌。玩家如果第一次就将牌拆掉,他的得分为50减去手中剩下的牌的张数。

玩家如果第2次将牌拆走,他的得分为35减去剩下的手牌张数。如果第3次才将牌移走,他的得分为20减去剩下手牌的张数。如果3次发牌都不能够把金字塔中的牌拆完,那么玩家的得分便为余牌和剩下手牌张数相加的负值。

扑克聚会

1.基本牌局

牌洗好以后,使其摆成横竖各5张的矩形方阵,一共25张牌。如图所示。

2.基本规则

在场牌中,如果横竖斜3个方向上有挨着两张点数相同的牌时,那

么就要把这两张牌配对拿掉,如果整副纸牌都被拿掉,那么你就成功了。

3.基本玩法

能够配对的牌被拿掉后,剩下的牌要合并在一起,但牌的顺序没有改变。

牌的顺序是从左到右、从上到下,移动时,所有的牌按原来的顺序向上、向左移动。如图中的黑桃10和红心10等4对配对后,合并后

的第二排为:黑桃8、方块2、红心Q、梅花7、红心J。

合并后出现了空位,于是就把手中的牌逐张填补,使其保持原来的形状。然后按之前的办法配对,移动,配对。

在配对时,应认真观察,要能够使合并后的牌配成对。比如,让图中的黑桃10与红心10配对,而不让它与梅花10配对,这样可以使红心J与方块J相邻,以便配对。

红黑大战

1.使用牌数

52张牌,除去大、小王两张牌。

2.具体玩法

牌洗好后,从左至右排成7列,每列一张。

第一次发一张明牌,其后6张发成暗牌

第二次发牌时从第二列开始,先发一张明牌。

第三次发牌时从第三列开始,先发一张明牌,之后发4张暗牌。

依此类推,直至第七列只发一张明牌为止。这样,玩家手中剩下

24张牌。

3.基本玩法

以K、Q、J……3、2、A的顺序排列，连接时小牌在前，大牌在后，不考虑花色，只要点数相连就行。如第七列的方块7可移到第二列的梅花8下面。

经过移动后，没有明牌压着的那张暗牌可以翻过来，当作明牌，继续移接。游戏目的主要使4种花色的扑克牌，分花色按A、2、3……K的次序取出。取牌只可以在"活牌"中取，不能在中间取明牌。

过关后只可有7行，如果第一行红心Q移至第四行黑桃K之下，第一行为空行，可把任何一行的明牌移到第一行去，这样就多了多翻一张暗牌的机会。

几次翻、移牌后，各行的明牌张数都会不同，连接时只要符合红黑连号相接的条件就行了，那么就可移到活牌下面了。桌上的牌经过移动后，有可能出现不能翻移牌的情况，那么就要用到手中的24张备用牌。

如果手中的牌翻了3遍，就能找出4种花色的A、2、3……K，那么就把它们取出，这样就算成功了。若没有完成，就是失败。在移接牌的过程中，主要是以红、黑色相间连接的，但取牌却要按花色的序号取牌。

已取出的牌根据需要重新接回去，这样可以帮助打通牌路，但接回去的牌也要依次而接。此游戏，同样需要有足够的耐心，在移动牌时先争取翻牌，只有把暗牌全翻成明牌后，才有成功的可能。

王族婚礼

1.使用牌数

52张牌，把两张王牌抽出。

2.基本玩法

把牌中的红心Q和红心K拿出来，把剩下的50张充当手牌。把手牌

洗过后，红心Q放在了左端，红心K放在手牌的最底处。

手牌翻开后，放在红心Q的右边。如果有一张或两张牌夹在同绘牌或同分牌的中间时，可以把夹在中间的牌拿掉。同绘牌3张在一起时，拿掉中间的那张。

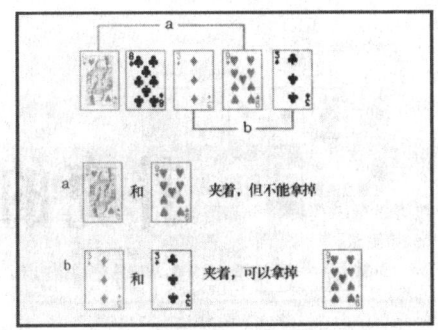

这样牌的数量就会逐渐减少，到最后剩下1～2张牌被红心Q和红心K夹着，那么也就完成了。如红心Q最后和红心K夹在一起，它的花色和顺位就能完成。

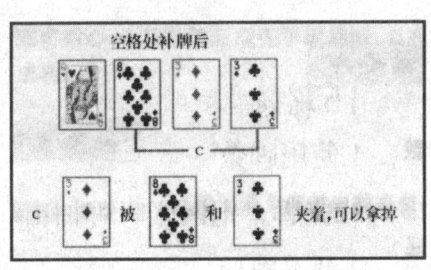

从手牌中的顶牌开始，拿出的牌要排在红心Q的右边。梅花8—方块3—红心9，虽然排在一起，但是夹在红心Q和红心9之间的梅花8和方块3是无法拿掉的。

若是出现了梅花3，夹在方块3和梅花3之间的红心9同时可以拿掉，如图所示。

在空位的地方，按顺序用其他牌补上。这时梅花8和梅花3之间的方块3，是可以拿掉的，如图所示。

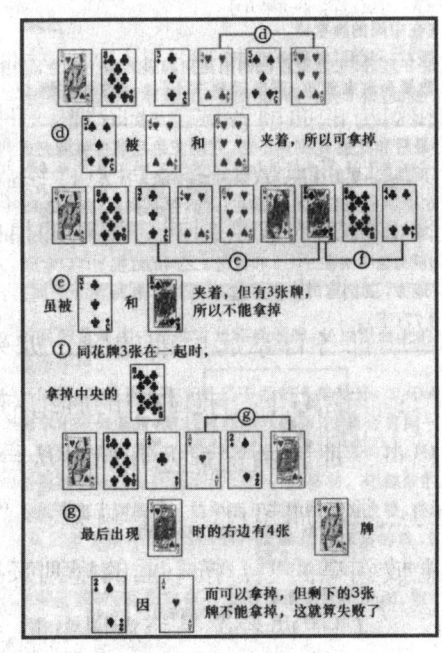

这样，到最后红心K出现时，红心Q的右边也就只剩下两张牌了，这两张牌可同时拿掉，那么也就成功了，如图所示。

扑克的双人玩法

15称霸

1.使用牌数

52张牌,把两张王牌抽出。

2.基本牌局

首先进行抽牌,以决定发牌人,由发牌人进行洗牌,然后在自己和对方的面前各放一张暗牌、一张明牌,那么每人都有了两张牌。

牌的点数是:A—1点,绘牌(K、Q、J)—10点,数牌的点数与牌上所标的数字相同。游戏的目的是看谁的牌够15点或接近15点。

3.普通玩法

都各自拿起面前的牌,如果两张牌的点数相加刚好是15点,就喊:"停住!"把手中的牌给对方看。如果两人中的牌相加都不等于15点,那就由发牌人开始,从台上的牌中各抽一张牌,如果一方的牌的点数相加超过了15,就喊:"停住!"然后双方把手中的牌正面向上放到桌面上,按下面的规则来决定输赢:

(1)两者都是15点以下时,则以接近15点的为胜。

(2)一人超过15点,一人没有达到15点,则没有到15点的人为赢家。

(3)两人点数相同时,就算平局,重新开始。

4.变相玩法

两人都分别拿两张牌,如果两人手中的牌相加都不是15点,那就由发牌人开始,分别从牌叠中抽一张牌,如果一方够15点,就喊:"停住!"然后让对方看;如果双方都抽出一张牌后,都不够15点,那就由发牌人开始,抽对方一张牌,然后再由对方抽一张牌。如果第一次互相抽牌后,没有够15点,那就再互相抽一次;第二次抽牌后,还没有够15点的,就再抽第三次。

如果双方都抽3次后,还没有是15点的,那么双方就把手中的3张牌放到一边,用剩下的牌重新开始游戏。这样进行下去,直到相加是15点为止。手中牌的点数相加是15点的为赢家。

顺风得意

1.使用牌数

54张牌。

2.基本玩法

让观众任意选一张牌后,取出若干张,再将牌慢慢减少,最后只留一张,这一张就是观众所选的牌。在牌的特普上放置4张8,如图所示。顺序没有限制。

首先取出准备好的牌。左手拿牌,背面向上。用右手逐张从特普上取出5张牌,分别放在桌上,背面也要向上。如图所示,要记住第5张牌所放的位置。

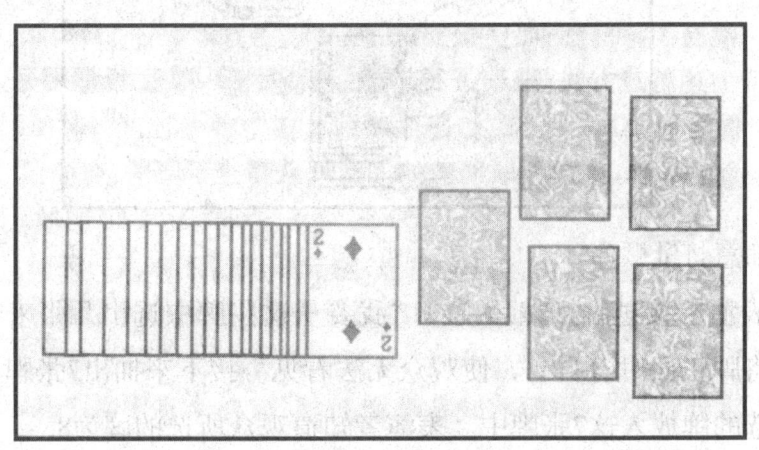

把桌子上的第5张牌翻过来，然后交给其他人。随后，请观众用这张牌接触桌上的任何一张纸牌，如图所示。

待观众在桌上选出一张牌后，拿起桌上另外3张牌和观众所持的牌，放进左手牌之下。再把牌交给观众，让观众逐张从特普取牌，并

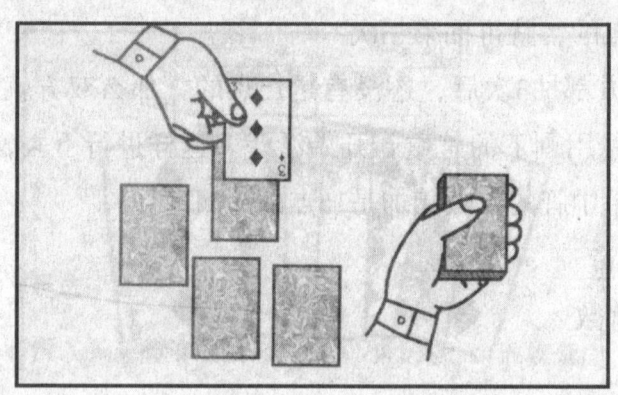

重叠于桌上，如图所示，待观众取出第7~8张时，向观众说："你喜欢在什么时候停止发牌都行。"

这样可以使观众随意停止发牌。取下观众手上所留的牌，移开到右方。然后请观众记住所取的牌，再把它混入重叠于桌上的牌中，并

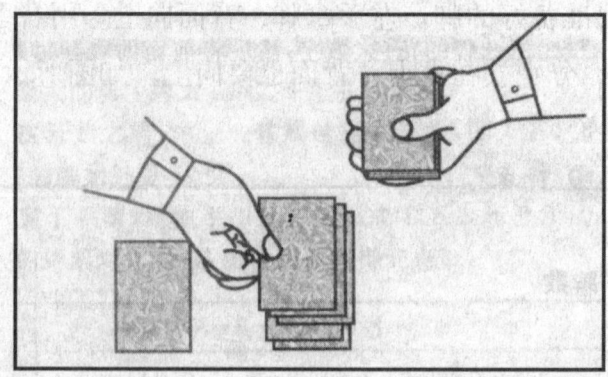

让其随意打乱顺序。

表演者接过牌，然后说："我要从这些牌中选出几张来使用，"同时将牌正面对着自己，使观众无法看见。接下来抽出7张牌，并将观众所选的牌放入这7张牌中。表演者知道观众所选的牌为8。

在抽出牌时，一定要让观众的牌排在7张牌的中间，如图所示。剩下的牌，可以放在右方的牌上。然后左手拿着7张牌。

同时用右手取出特普的牌放在右方，把第二张牌置于观众面前（背面向上，下同）。将第三张牌放在右方，第四张牌重叠于观众面

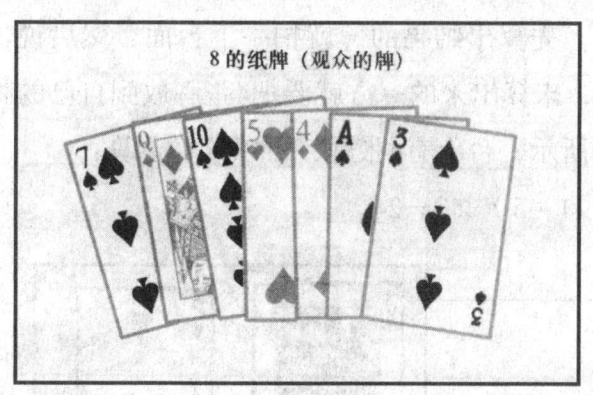
8的纸牌（观众的牌）

前的牌之上。反复几次过后，观众面前就有3张重叠的牌。

接下来把观众面前的3张牌取下来，拿在左手中，要背面向前，并把特普的牌放在右手，第二张牌展示于观众面前，最后一张放在右边。最后让观众说出所选牌的花色、数字，把前面的牌翻过来，这就是观众所选的牌。

24点速算

这个游戏不仅可以锻炼人的反应能力，还可以锻炼人的四则运算能力。此游戏一般由两个人玩，有时也可4人玩。下面是以2人玩为例说明。

1.使用牌数

52张牌，抽出两张王牌。

2.基本牌局

牌洗完以后，就分成大致相等的两份，两人各拿一份。牌代表的数目，与牌上所标的点数相同，其中K为13点，Q为12点，J为11点，A为1点。

3.基本玩法

两人分别从自己的牌中抽出两张放在桌面上,然后把这4张牌翻开,两人迅速用加、减、乘、除四则运算来计算,运算的结果为24。

运算过程要严格按照四则运算的法则进行,像乘方、开方是不能够使用的。先算出结果的,就拍一下台面,然后说出运算过程,若是没有错误,未算出来的一方就要把4张牌放到自己的牌下面。

如图所示,台上有4张牌,可以这样运算:

(6+11−5)×2=24。

假如出现这样此种情况:双方都无法使得数为24,那就收回自己的牌,将它们放到牌的最下面,再重新出牌。在游戏中,谁先把自己手中的牌出完,就算赢了。

高瞻远瞩

1.使用牌数

52张牌,抽出两张王牌。

2.基本玩法

(1)牌的分数:A为1分,数牌(2~9)与牌的分数同分,J~K

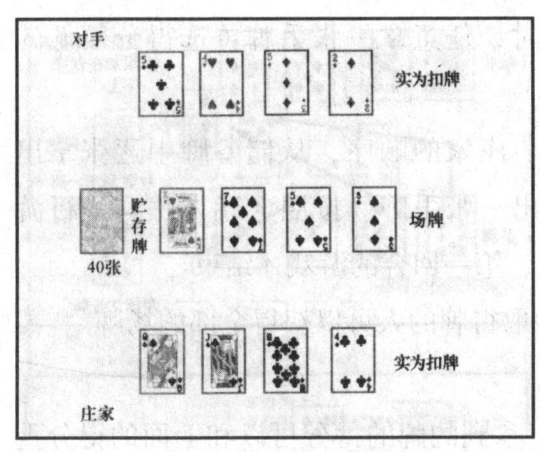

为0分。

（2）牌的分配法：轮流坐庄。首先由庄家洗牌，每次发一张牌，一共发4次，当手牌，然后翻开4张牌当场牌，剩下的40张牌作储备牌，如图所示。

（3）和绘牌组合的要领相同，即考虑手牌和场牌的组合，尽量收集多张数牌和数牌分数多的牌。

（4）牌的拿法：

（5）接收：手牌中如果有和场牌相同数字的牌，可以把手牌和场牌合在一起拿掉。如果场牌中有相同数字的牌2张（或是3张），可以同时拿掉。

（6）铺设：若手牌中的牌分数和两张以上的场牌合计分相同的话，可以同时拿掉这些牌。这时若场牌中有绘牌（J、Q、K均为0分），也可全部一起拿掉，如图所示。

绘牌以0分计算，即使拿的话也不会增加分数，但若放到没牌可出时，应再以相同顺位（J→J、Q→Q、K→K）一起拿。

3.游戏方法

由对手开始进行比赛，按照前项的取牌法，将手牌和场牌合在一起拿

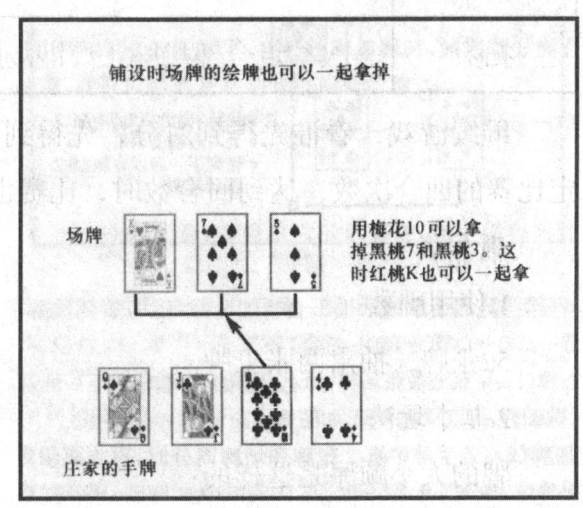

起来。当手牌和场牌无法配合时，任意拿一张手牌（选得分较低的牌），并把它放在桌上。

待手牌用完后，按照对手、庄家的顺序，从储备牌中逐张拿出牌。如果场牌没有了，可任意出一张手牌。按照上述方法，进行游戏，直到手牌、储备牌都用完时，第一回合的游戏才结束。

如果有剩余的场牌，则前面取得牌的人可以获得全部的场牌。

4.计分方式

在游戏时，可按下表给分，拿到的牌的得分可以和上面的得分重复。然后合计得分，这就是一次游戏的总得分。

牌	内容	得分
	拿到的牌合计分最多者	3
黑桃	黑桃牌多的人	1
方块10	拿到方块10的人	2
红心2	拿到红心2的人	1
A	各种A一张（拿4张A得4分）	1
扫除	一次拿走全部场牌（亦即场牌拿完时）	1

继续游戏，看谁先得到21分，先得到的就是赢家。也可以事先决定比赛的回合次数，达到回合数时，比赛也就结束了。

抓犯人

1.使用牌数

52张牌，抽出两张王牌。

2.基本玩法

牌的大小顺序是这样的：

A>K>Q>J>10>9>8>7>6> 5 >4>3>2。A为最大，2最小。

通过抽牌来决定发牌人，接着由发牌人进行洗牌。然后将洗好的牌放在桌面上，从上往下数找到第13张牌，使其翻开，用它决定主牌的花型。

如果翻开的牌是方块2，那么所有的方块牌都是主牌。决定了主牌的花型后，发牌人就可以发牌了。发牌时，从自己开始，一人一张，共发6张。

牌发完后，就把翻开的那张牌插入牌叠，然后将牌正面向上放在台面上，那么，没有发的牌由暗牌变为明牌。这些都做好后，游戏正式开始。

首先由对方（不是发牌人）出牌，他可以任意出一张牌，而他的下家必须跟牌，如果他出的是黑桃5，那么下家必须出黑桃牌（大于或是小于5）。他出主牌，下家也得出主牌；如果没有主牌可跟，则可以随意出一张牌。

在每一轮的出牌中，出较大牌的一方成为赢家，赢家可以在下一轮出牌中先出牌。每一轮洗完牌后，两人可以先从牌叠上起一张牌，不过要由赢家先起。这时每人手中的牌就保持在6张，直到台面上没有牌为止。

牌叠没牌了，说明最后的"决战"开始了，双方继续出牌，直至手中出完为止。由于牌叠上待起的那张牌是明牌，所以双方可以具体情况决定取舍，双方常常会冥思苦想去争取一张好牌，也会出最小的牌避免得到差牌。

双方争夺的牌不一定是较大的牌，通常是分值较高的牌。并不是每一张牌都含有分值，只有A、K、Q、J、10含有分值。

3.+计分方式

一张A	4分
一张K	3分
一张Q	2分
一张J	1分
一张10	10分

当某一方得到7分时，这场游戏也就结束了。如果到了最后，双方平手，哪位手中还有主牌A，谁就是最后的赢家。

争夺500

1.使用牌数

32张牌。在54张扑克中，抽出两张王牌和不同花型的2、3、4、5、6，用剩下的32张来进行游戏。

2.基本玩法

洗完牌后，用抽牌的方式决定发牌人。由发牌人重新进行洗牌。然后使牌分给两人，每次发3张，共发两次，此时每个人手中就有了6张牌。

发完牌后，剩下的牌就放到台面上，把最上面的一张翻开，两人中若有人说想要这张翻开的牌，那么这张牌的花型就是游戏中王牌的花型，例如翻开的牌是梅花9，则所有梅花牌都是主牌。

在主牌中，牌的大小顺序为：

J＞9＞A＞10＞K＞Q＞8＞7。以J为最大，7为最小。在非主牌（副牌）中，牌的顺序是这样的：

A＞10＞K＞Q＞J＞9＞8＞7，

以A为最大，7为最小。

在确定了主牌的花型后，发牌人把翻开的那张牌放到一边，然后给对方和自己再各发3张牌，使手中的牌达到9张。

3张或3张以上花型相同、数字上相连的一组牌称为同花连牌。

在同花连牌中，各种花型的牌（包括主牌）的大小顺序与单张牌

时是不同的,顺序为:A＞K＞Q＞J＞10＞9＞8＞7。这种游戏的赢家是先获得500分的那位。

同花连牌可以得分,3张牌的连牌分值为20分,4张或4张以上连牌的分值为50分。开始游戏时,由发牌人先出牌,在发牌人出牌之前,对方必须得告诉发牌人自己的连牌是什么样的。

如果发牌人也有连牌,那也要说出来,然后比较大小,连牌大的一方就得分。在连牌中,主牌连牌大于任何一种花型的连牌,如果两人的连牌张数相同,大小相同,而花型不同,则以非发牌人为赢。

首先由发牌人出牌,发牌人可出任何一种牌,而对方所出的牌,必须同发牌人出的牌花型相同,如果手中没有,则可用主牌来压。如果出牌人出的是主牌,而对方也有主牌,那就必须出主牌,如手中没有主牌,方可用其他牌来垫。

在每一轮的出牌中,出了较大牌的一方为赢,下一轮出牌,由上一轮的赢家开始。在每一轮次的出牌中赢了的一方,如果他所出的牌中,又有下牌或牌的组合,那就可参照下列标准赢得分值:

主牌KQ(2张)——20分

主牌J——20分

主牌9——14分

一张A——11分

一张10——10分

一张K——4分

一张Q——3分

一张J(副牌)——2分

3张同花连牌——20分

4张或4张以上同花连牌——50分

注意,能够得分的牌,必须是赢方所出的牌,而对方所出的不算。

游戏结束后,双方算出最后的得分,但在一盘中赢得500分的几率很小,500分是累积下来的分。在玩了几盘后,谁的积分到500分了,谁就是赢家。

一帆风顺

1. 使用牌数

24张牌,只包括A、9、10、J、Q、K。

2. 基本玩法

(1) 牌的大小顺序为 A>K>Q>J>10>9 的次序。

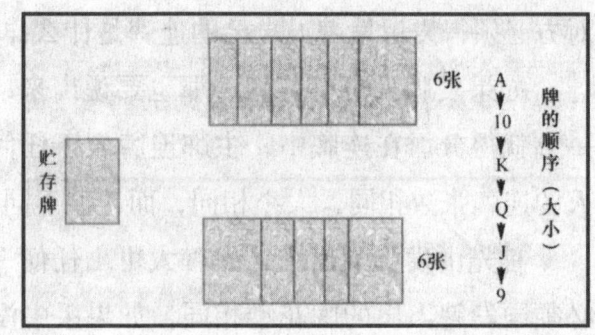

(2) 庄家的决定

不管要进行多少场比赛,第一回当庄家的人,下一回就不是庄家了。

(3) 牌的分配法

庄家每一次只分一张牌给自己和对手,共分6次。剩下的12张牌,放于桌子上,充当储备牌,如图所示。

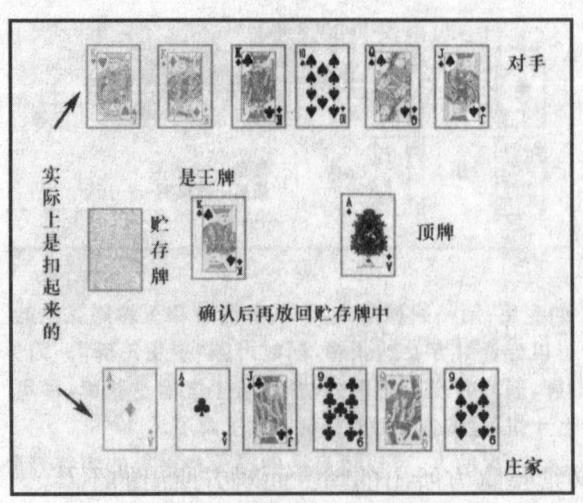

(4) 王牌的决定法

庄家把储备牌的顶牌翻开,以翻开牌的花色当王牌,确认后,再把牌放入储备牌中,如图所示。

(5) 得分的计算法

以相互出的两张牌的大小决定胜负,赢的人可以拿到两张牌。

（6）结婚

手牌中有相同花色的K、Q时，要说明"结婚"，向对方公开后，以K、Q中任何一张充当台牌，如果这些能赢的话，就可以得分。

（7）和王牌同花色的K、Q——40分。

（8）王牌以外的花色的K、Q——20分。

（9）得到的牌。

（10）各个牌的分数

A——11分，10——10分，K——4分，Q——3分，J——2分，9——0分。

（11）奖金

最后一次赢得10分。但是，储备牌在中途关闭，就拿不到奖金了，如图所示。

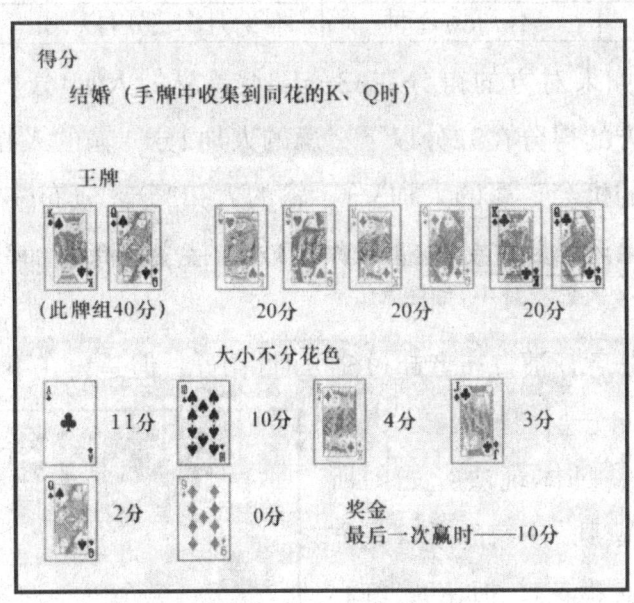

（12）王牌的改变

第一回赢的人，如果手上出现有和王牌同花色的9的牌时，在台牌出来之前，先让对方看到这张牌，同时可喊"改变王牌"。

因为9是以0分计算的最小的牌，但具有改变王牌的功能。如果手上有了这张牌，就把它打出去。再如，若手上有4张9，那么就可以改变4次王牌。

（13）关闭

赢得一次的人，有自己决定是否停止拿储备牌的权利。被关闭后的储备牌，以后就不能再用了，只能用手中的牌。

（14）得分计算

游戏进行时，如果自己的得分达到了60分，就要告诉对方，游戏也就结束了，开始计算自己的得分。

宣布66分者		被宣布66分者	
+1	66	33~65	−1
+2	66	32分以下	−2
+3	66	输的时候	−3
−3	不到66分时	不论几分都可以	+3

（15）如果对方的得分在33分以上，赢的人加1分，输的人扣1分。如果对方的得分在32分以下，赢的人加2分，输的人扣2分。如果对方没有赢的机会，赢的人加3分，输的人扣3分。宣布66分以后，计算得分，如果还不到66分，宣布者扣3分，接受宣布者加3分。没有宣布66分，双方平手。

宣布66分后，被宣布者超过66分时得0分，但是，在下一回游戏中给赢的人多加1分。

（16）、具体玩法：如图所示，主牌是黑桃，庄家的手牌是方块A、梅花A、梅花J、梅花9、红心Q、黑桃9，对方的手牌是红心K、方块K、梅花K、梅花10、黑桃Q、黑桃J。

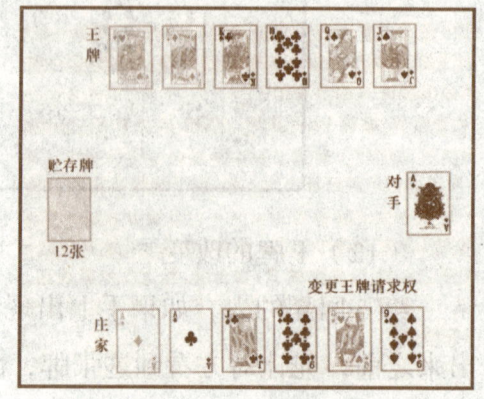

①首先由庄家出台牌，但他只有一张王牌黑桃9，还有3张梅花，所以就改变王牌为梅花6。为了赢得头一次的胜利，因而出方块牌中最强的牌当作台牌。如果对手没有方块时，可以出黑桃J王牌，但他有方块K，所以必须出方块K。

方块A和方块K做一次比较，由庄家的方块A赢，因此达到改变王牌的条件。

②庄家赢后，分别抽一张储备牌。庄家为黑桃K，对方为红心A。庄家给对方看黑桃9，并说明"改变王牌，换成梅花"。

庄家手中若是有了3张梅花牌，所以必须保留梅花，在对方的手牌中有黑桃A和黑桃10时，就没有赢的机会了，但为了形成结婚，红心Q也要保留，改变王牌后，黑桃9就是台牌了。

对方为了避免再让庄家赢，出黑桃J就赢了，为组成结婚而保留黑桃Q。

③赢的一方先拿一张储备牌。对手为梅花Q，庄家为红心10。赢的对手，虽有了宣布结婚的条件，梅花K、梅花Q也是由庄家决定的王牌，但庄家手中或许有更强的梅花A。

这时，出红心A当作台牌。如果庄家手上没有红心牌，就要出梅花，但手上有红心Q、红心10的牌，这时出得分最少的红心Q。

④赢的对手再先从储备牌中拿牌，对手为黑桃A，庄家为红心10。赢的对手出红心K当台牌，庄家为保留红心10，或没有红心牌时，就会出黑桃A当台牌了。

如果庄家有了黑桃K、黑桃10两张牌。黑桃10大不过黑桃A，只得出黑桃K。这时，黑桃牌已经出现4张，剩下的牌就知道它的大小。

⑤由赢的对手从储备牌中拿出一张牌，对手为红心J，庄家为方块J。赢的对手以红心J（或红心K）当台牌，如果这次没赢，希望就很小了。

如果手牌中有梅花10，就能宣布"结婚"了。但是要稳着来，看看情况再说。庄家出红心10，也就赢得一次胜利了。

⑥赢的庄家从储备牌中先拿一张，庄家为方块10，对手为方块Q。赢的一方确认方块牌后，把剩下的方块中最强的牌当台牌。对方出方块Q。

⑦由赢的庄家先拿一张储备牌，庄家为红心9，对手为方块9。到这里，所有储备牌都用完了，因此不用关闭方法了。

然后，手牌的得分决定赢的一方。当任何一方达到66分时，就要宣布"66分"，那么比赛也就结束了。但是，如果双方都没有达到66分，因而没有宣布时，双方平手。

宣布66分的人，在比赛结束后，被发现因计算错误，而实际分数在66分以下时，就要扣掉2分。

百点摘冠

1. 使用牌数

52张牌，抽出两张王牌。

2. 基本规则

在此游戏中，牌的大小顺序是：K＞Q＞J＞10＞9＞8＞7＞6＞5＞4＞3＞2＞A。

绘牌（K、Q、J）——10点；其他数牌的点数与牌面所标的数字相同，如10——10点，5——5点。

3. 基本玩法

以抽牌的形式决定庄家，接着庄家进行洗牌，然后发给每人10张牌，剩下的牌放在台面上，把最上面的一张牌翻开。

4. 游戏目的

把手中的牌组成3张以上的数字相连，同一花型的序列（同花连牌）和3张以上的数字相同的牌。例如，三同牌：梅花4、方块4、黑桃

4；同花连牌：梅花K、梅花Q、梅花J。

牌发完后，非发牌者就能看手中的牌，若是台面上翻开的牌对自己有利，他就可以把它拿过来，若是不需要，发牌者才有权要这张牌。

不管是哪位取了这张牌，都要从自己手中取一张牌翻开放到这叠牌的下面，再把这叠牌的最上面的一张牌翻开。

双方都看自己手中的牌，把可以组合的牌从手中抽出来，放到一边。

在游戏时，若是其中一方取了台上的牌，又从自己手中抽掉一张牌，手上的牌点数加起来不够10点时，那就可以说："扣了！"这时，游戏也就结束了。

5.计分方法

（1）手中的点数不够，说"扣了"的人，所得的点数是两个人的点数之差。

（2）没有说"扣了"的人，若是他的点数比前者少时，他所得的点数就是前者所得的点数再加上25点。

（3）如果没有说"扣了"的人，他的点数与另一个人的牌点相同，他就只能得25点。

循环往复

1.使用牌数

52张牌，抽出两张王牌。

2.基本玩法

（1）牌的大小：A＞K＞Q＞J＞10，10以下和数字的大小相同。

（2）分配牌：由庄家发

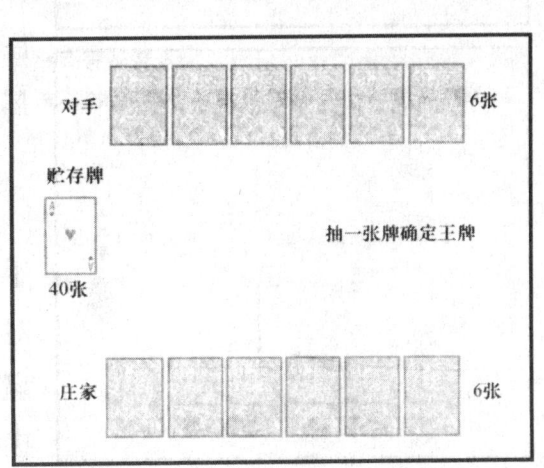

牌，每次只能发一张，共发6次，牌的背面向上放于桌面上。

剩下的牌当储备牌。顶牌翻开后，要放到最下面，如图所示。

（3）决定王牌：庄家和对手分别从储备牌中抽出一张牌，牌点最大的当王牌，如果抽出来的点数相同，再抽一次。

（4）赢得游戏：一共进行13回合，那么最后就会出现13分，先得到7分的人赢得胜利。

（5）得分：王牌；A—10分，K—3分，Q—2分，J—10分，2—10分，数牌—0分。王牌以外的牌；A—4分，K—3分，Q—2分，J—1分。如图所示。取得所有得分的牌时，在规定之外加1分。

（6）如图所示，此种情形出现时，对手可随意出一张牌当台牌，例如Q。

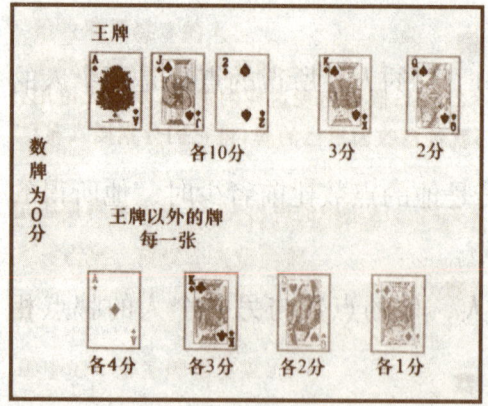

庄家出黑桃6。赢的对手把黑桃Q拿过来，黑桃6当无用的牌，然后从储备牌中抽一张黑桃A，庄家从储备牌中抽出一张梅花Q。

因为储备牌是翻开的，所以你就知道了对方拿的什么牌，这样就很容易取胜。赢的对手，把庄家出的黑桃6给放弃不用，而以黑桃A当台牌。

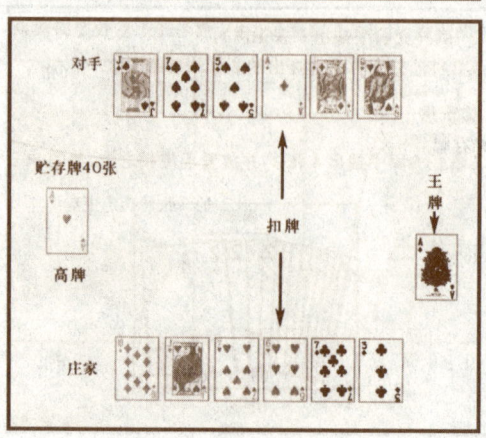

（7）庄家出黑桃7。

由赢的对手先拿储备牌，对手为方块4，庄家为黑桃2。赢的对手看到庄家拿黑桃2，为了要赢黑桃2，所以出黑桃5当台牌。庄家的手牌中，若有其他的黑桃牌，可以不出黑桃2，若没有其他牌，只得出黑桃2。

这样，比赛继续进行，直到储备牌和手牌都用完为止，方可决定胜负。出现台牌时，一定要出同类的牌，如果手牌中没有同种类的牌，可以出其他的牌（王牌或王牌以外的牌都可以）。游戏结束后，最后得分多的人，可以得到1分。

独占鳌头

1.使用牌数

52张牌，抽出两张王牌。

2.基本玩法

庄家首先进行逐张分牌，每人分5张，余下的放在中央，以作为储备牌，如图所示。

这个游戏主要以J为王牌，黑桃J最大，分数最高。

牌的顺序：黑桃J→J（其他花色）→A→K→Q→10……→2。首先由庄家的对手任意出一张牌当台牌，庄家如果有和台牌同类的牌要出此牌，如果没有，可以出其他的牌，或出J赢对方。

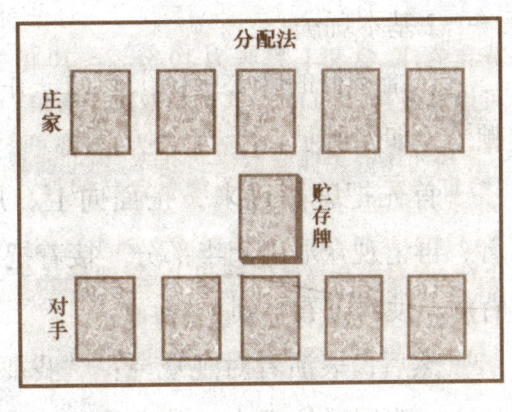

此外，若J当台牌时。要出和J同类的牌，若没有的话，手牌中有其他种类J，那么一定要出此牌。后出J的人，除了出黑桃J外，由先出J的人赢。

赢得胜利后，可获得这两张牌，再从储备牌中抽一张补充手牌。以这样的方式进行游戏，储备牌用完后，用手牌玩，手牌出完后，游戏也就结束了。

游戏结束后，所得到的牌如果构成下列的得分条件，并记录下来，玩过几回后，谁先得到200分谁就获胜。

最大牌黑桃J——15分

大牌J每张——10分

各种花型的10每张——10分

各种花型的A每张——5分

各种花型的K每张——3分

各种花型的Q每张——2分

各得其二

1.使用牌数

52张牌，抽出两张王牌。

是观众自由选择的两张纸牌，况且都是2。

2.基本玩法

从准备好的牌叠中抽出4张2，并放置于波顿中，如图所示。

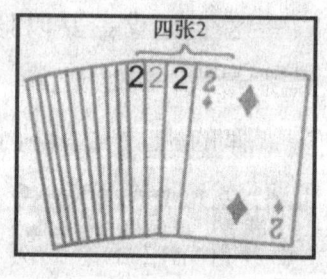

首先把牌翻过来，正面向上，用左手拿着，再请观众取出上半部分。接着把双手藏在背后，使对方看不到。

然后，表演者对观众说："我要抽出一张我最喜欢的牌。"然后抽出一张展示给观众，其实他是从波顿中抽出的一张，如图所示，置于前方，然后也请观众抽出一张自己喜欢的牌置于前方。

交换置于前方的牌。这时候，不要看牌的正面。然后对观众说："现在你把我的那张牌藏在背后，然后翻过来，再插进来。"表演者把观众的牌藏在背后，接着说："我也要把你的牌翻过来，再插入。"

事实上，他把观众的牌放在了特普的位

置，再抽出波顿中的2，然后翻过来插进牌中，如右图所示。

反复作出上面的动作3～5次。然后，展开手中的牌给观众看，两边都有翻过来的2，如右图所示。

缉查队长

1.使用牌数

32张牌，抽出两张王牌和2～6的牌。

2.具体玩法

（1）牌的大小：A＞K＞Q＞J＞10＞9＞8＞7。

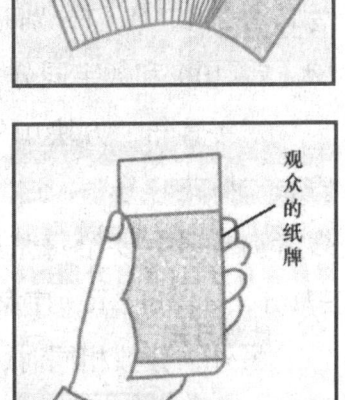

（2）牌的分配法：轮流当庄家。首先由庄家洗牌，接着发牌，每次分两张牌，一共分6次，这样每人得到12张牌。剩下的8张牌扣起来放在桌上当储备牌。

（3）手牌交换：玩缉查队长这个游戏，对庄家极为不利。

对手看完手牌后，如果感觉不好，可要求换手牌。如果感觉不需要交换手牌，就不用交换了。交换手牌从储备牌中拿，因此，两人合起来只能交换8张，若对手交换8张的话（实际上很不可能），庄家就不能交换了。

交换完手牌后，把不需要的牌和储备牌放在一边，直到比赛结束前，不再使用这些牌。

（4）游戏目的：首先依手牌中牌的组合法宣布自己想要的得分，在12次比赛中（手牌有12张），若胜7次以上，或最后（第12次）一次赢，是整个游戏的目的。

（5）无绘牌：12张手牌中，如果不包含K、Q、J绘牌时，称为无绘牌，给10分，如图a所示。但是，这时就要公开手牌进行游戏。

（6）组合的宣布：得分。

宣布手牌中合计分数最大的牌的花色，再拿得分，分数依次是A为11分，K、Q、J分别是10分，数牌（7~10）和数字同分。

对手宣布"方块10分"，庄家宣布"梅花47分"，这时，以分数多者赢。对方要给每张此种花色的牌1分，如图b所示，庄家可得5分。

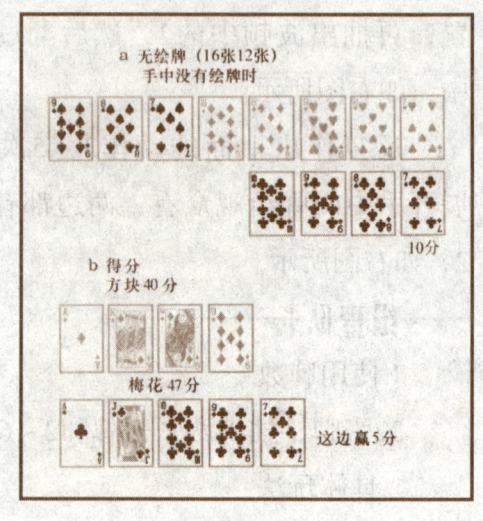

另外，分数相同时，牌的张数多的一方成为赢家，如果牌的张数相同，就都不必给分。

（7）连续：如果手牌中有相同花色的牌3张以上连续时，要宣布"连续"。这时，连续张数多的人为赢家。这些张数只是每张给1分，再加10分。张数相同时，以分数高的为赢家，如果完全相同，就平手了。

如图c所示，对手宣布A、Q、K，3张连续时，庄家宣布9、10、11，3张连续。这样对手就赢了，3张得3分，再加上10分，共得13分。

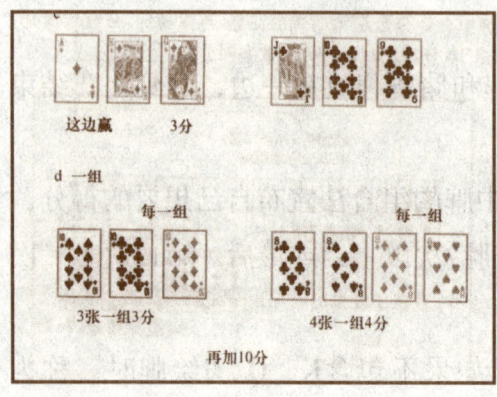

（8）一组：手中的牌，如果有3张以上同分（数字）的牌时，可宣布"一组"。这时也是张数多者（亦即4张）那一组为赢家。

如果张数相同，分数高的那组为赢家，或同时宣布2组的人赢。3张一组得3分，4张一组得4分，此外再附加10分，如图d所示。

对手没有一组的，庄家宣布"10的3张一组"，这时3张3分，再加10分，共可得13分。

（9）到达：除了宣布组合外，首先达到30分的人可以宣布"到达"。然后可得60分。对手13分，庄家18分，因此无法形成到达的例子。

（10）游戏进行。宣布组合之后，由对手先出一张牌当台牌。庄家一定要出和台牌同花色的牌，若手牌中没有的话，可以出其他花色的牌，但这么一来就输了。

（11）胜负的确定主要以和台牌同花色牌顺位高的人赢，赢者可以拿牌，并获得下次出台牌的权利。游戏继续进行，直到12张手牌都用完，比赛才结束。

3.计分方式

第一回合结束后，按照下表计算得分。

第一次的输赢	对手以9以上的牌当台牌时 1分
第二次的输赢	赢的人 2分
12次的输赢	赢7次以上 10分
全　胜	连续12次时 40分
获　得	进行游戏中最先达到30分者 30分

几个回合过后，看谁的最后得分超过100分，以超过者赢得这次比赛。

扑克的多人玩法

五十K

1.名词解释

分数：5、10、K游戏中每张5、10和K是分数，5代表5分，10代表10分，K也代表10分，两副牌共200分。游戏中，每一方都要尽量抓获这些分数。

双抓：游戏对家配合一方甲方得第一和第二，另一方乙方得第三和第四，称为双抓。乙方被扣掉所得分数30分给甲方，不够用负数表示。

单抓：游戏对家配合一方甲方得第一和第三，另一方乙方得第二和第四，称为单抓。乙方被扣掉所得分数15分给甲方，不够用负数表示。

保：游戏对家配合一方甲方得第一和第四，另一方乙方得第二和第三，称为保。双方互不扣分。

终止牌：如游戏对家配合任意一方的牌领先另外一方全部出完，或者游戏的第三个出完的玩家出完最后的一手牌，称为终止牌。然后根据另一方或者最后一名玩家的手上未出的牌中的分数总额从该方总得分中扣除。

2.一副牌游戏规则

（1）使用牌数

游戏一共使用扑克牌52张（去掉大、小王两张），4人游戏，每家13张牌。

（2）出牌规则

第一局游戏都由首先拿到黑桃3的游戏者先出牌，第二局开始由上局的胜者第一名出牌。游戏者依次轮流出牌，后一家打出的牌必须比前一家打出的牌大，如没有可以过牌。

（3）牌型

单张：可以是手中的任意一张牌。

对：两张牌点相同的牌，两张牌的花色可以不同。

顺子：5张或5张以上牌点连续的牌，花色不限。例如：3、4、5、6、7等。注意：A、2在构成顺子时，可以A、2、3、4、5或10、J、Q、K、A，而不能组成Q、K、A、2、3这样的顺子。

同花顺：花色相同的顺子牌。

三同张：三张牌点相同的牌，三张牌的花色也可以不同。

三带牌：三同张可以带一张或两张出牌，则所带的牌可以相同也

可不同。

三连带：两个或两个以上连续的三带牌，可以同时出，但其中每个三带牌所带的牌的张数必须是相同的（即均带两张或一张或不带）。

连对：两对或两对以上相连的牌，如：3344，9988。注意：2不能与A或者3构成连对，最小：3344，最大：KKAA。

连三同张：两个或两个以上相连的三同张牌，如：333444，999888。注意：2不能与A或者3构成连三同张，最小：333444，最大：KKKAAA。

5.10.K炸弹：由分数组成的5.10.K炸弹，并且分为正5.10.K和副5.10.K炸弹。

炸弹：由四张牌点相同的牌组成的炸弹，如：4444、JJJJ。

顺子牌型中，以五张顺子为例，最小：A2345，最大：10JQKA。其他依此类推。

同花顺比相同牌点和张数的顺子大。同花顺之间的花色无大小区分。

（5）炸弹的大小

5.10.K炸弹：花色不一样的称为副5.10.K，花色一样的称为正5.10.K。其从大到小的顺序为：黑桃正5.10.K>红心正5.10.K>梅花正5.10.K>方片正5.10.K>副5.10.K。其中所有的副510K的大小相同。

炸弹：按牌点数确定大小，点数越大炸弹越大。炸弹大于5.10.K三张牌组成的炸弹。

3.两副牌游戏规则

（1）使用牌数

游戏一共使用扑克牌104张（去掉大、小王四张）牌，4人游戏，每家26张牌。

（2）出牌规则

第一局游戏都由首先拿到黑桃3的游戏者先出牌，第二局开始由上局的第一名出牌。

游戏者依次轮流出牌，后一家打出的牌必须比前一家打出的牌大，如没有可以过；如果其他游戏者都过，则最后出牌的一方可以抓到前面出现的分数，并继续出牌；直到游戏结束。

（3）牌型

单张：可以是手中的任意一张牌。

对：两张牌点相同的牌，两张牌的花色可以不同。

顺子：5张或5张以上牌点连续的牌，花色不限。例如：3、4、5、6、7等。注意：A、2在构成顺子时，可以A、2、3、4、5或10、J、Q、K、A，而不能组成Q、K、A、2、3这样的顺子。

同花顺：花色相同的顺子牌。

三同张：三张牌点相同的牌，三张牌的花色可以不同。

三带牌：三同张可以带一张或两张出牌，则所带的牌可以相同也可不同。

三连带：两个或两个以上连续的三带牌，可以同时出，但其中每个三带牌所带的牌的张数必须是相同的（即均带两张或一张或不带）。

连对：两对或两对以上相连的牌，如：3344，9988。注意：2不能与A或者3构成连对，最小：3344，最大：KKAA。

连三同张：两个或两个以上相连的三同张牌，如：333444，999888。注意：2不能与A或者3构成连三同张，最小：333444，最大：KKKAAA。

（4）炸弹

5.10.K炸弹：由分数组成的5.10.K炸弹、并且分为正5.10.K和副5.10.K炸弹。

炸弹：由四张牌点相同的牌组成的炸弹，如：4444、JJJJ。

（5）牌的大小

①基本牌型的大小

本游戏的牌点由大到小排列为：2、A、K、Q、J、10、9、8、7、6、5、4、3。

连对和三连带中，最大的为A与K相连，最小的为3与4相连，2与A不能相连。

单张、对、连对、三同张、顺子等牌型，直接根据牌点确定大小，但要求出牌的数量必须相同。三带牌的大小只取决于三张相同的牌，与所带的牌无关。大小顺序与单牌相同。但是所出的牌必须和上家出的牌型一样而且张数相同。例如：上家出了"三带一"（4张牌），那么出牌只能出"三带一"。

②炸弹的大小

5.10.K炸弹：花色不一样的称为副5.10.K，花色一样的称为正5.10.K。

其从大到小的顺序为：黑桃正5.10.K>红心正5.10.K>梅花正5.10.K>方片正5.10.K>副5.10.K。其中所有的副510K的大小相同。

炸弹：张数相同，则按牌点数确定大小，否则牌张数越多越大；由4张以上牌组成的炸弹大于5.10.K三张牌组成的炸弹。

4、玩法得分规则

（1）分两阵营，同一阵营两玩家，对家一直合作不再更改。率先达到1000分的阵营获胜。

（2）只有最先出完牌的玩家可以将对家已得的分数归入本阵营。第三出完牌的玩家可以得到最后玩家手中的分数（如果有）。通常在一局中两阵营会各取得一定分数。

如果同一阵营玩家第一、第二出完牌，则本局结束！另一阵营本局完败。获胜阵营本局加200分，对方为0分。

（3）由于一局满分为200分，所以理论上最少5局可零封对方阵营！一般最多也只需10局分出负。在第十局结束后可能出现双阵营均为1000分的局面，就要加时一局。积分规则相同不再复述。

德克萨斯扑克

1.德克萨斯扑克术语

叫注/说话：一个玩家的决定。德克萨斯扑克里共有7种决定：押注——押上筹码；跟进——跟随众人押上同等的注额、收牌/不跟——放弃继续牌局的机会；让牌——在无需跟进的情况下选择把决定"让"给下一位；加注——把现有的注金抬高、再加注——再别人加注以后回过来再加注；全押——一次把手上的筹码全押上。

爆冷门：一手好牌被别人在关键时刻以一张运气牌打败。

资本：游戏时身上的筹码数。

押注圈：每一个牌局可分为四个押注圈。每一圈押注由按钮（庄家）左侧的玩家开始叫注。

底牌权/前翻牌圈：公共牌出现以前的第一轮叫注。

翻牌圈：首3张公共牌出现以后的押注圈。

转牌圈：第4张公共牌出现以后的押注圈。

河牌圈：第5张公共牌出现以后，也即是摊牌以前的押注圈。

盲注：在每一局开始时，台面上必须有"盲注"。这是对玩家强制性的押注，为的是确保"底池"（每一牌局的奖金）至少有个数。德州扑克里的盲注一般由按钮左侧的两人付出。

诈骗：在没有什么胜算的情况下押上很多筹码，虚张声势。

台面：泛指桌上的5张公共牌。

翻牌：首3张公共牌。

转牌：第4张公共牌。

河牌：第5张公共牌。

出局：把身边的筹码全部输光，被人轰出比赛或牌局。

按钮（庄家）：每一圈押注的顺序决定于庄家"按钮"的位置。这是一个玩家顺时针轮流持有的一个标志。每圈押注由按钮左侧的玩家开始。

封顶：每一个押注圈只允许3次加注。加了3次，就到顶了。

打碎：当一对漂亮的口袋A被人打败，这一对A就算是被"打碎"了。

Connectors（连牌）：次序连着的底牌，比如J—10、A—K、7—8。

Dominated（处于下风）：完全处于下风的一手牌。比如底牌AK会占尽AJ的优势。如果公共牌里有一张A，则AJ的起脚牌（J）比AK的"起脚牌"（K）低，所以胜算不大。

Drawhand：一手需要公共牌来扶持的底牌，多为可能凑正顺子或同花的底牌。比如一张黑桃J和黑桃10A在碰到黑桃8、9和红心A时便机会大增。

接下来再有一张7或者Q就能凑成顺子，或者再有任何一张黑桃就能凑成同花。否则，这两张底牌就几乎毫无价值。

进入死胡同：一个即使公共牌未全出现，就已经断定没有胜算的成手。

优势：在长时间的竞争里，运气的成分大大减低，

可是一个高手仍可以利用其他，如技术、筹码数和位置等优势打败对手。

磨蹭家：一个格外小心，一点一点"磨"出成绩来的玩家。

鱼：一般较好的玩家对那些输不起，牌品差的玩家的贬意称呼。

"福瑞"免费比赛：不用花钱参加的免费扑克比赛。

单挑：扑克里一对一的两家对战。

底牌：每个人在牌局开始时发得的底牌，也称"口袋"牌。

起脚牌：如果两个玩家同样有一对"A"，或有任何一样好的对子、三条等等，则拥有较大的"起脚牌"（即不成对的最大的一张牌）的玩家胜出，把对手"踩在脚下"。

注限：即大盲注的注额。这代表牌局的最低押注限额，也说明一个牌局的大小。玩一个$50的牌局所需要的资本当然要比玩一个$0.50所需要的多得多。

螺帽：促成最佳成手的一组牌。比如，你若有J、10，那么7、8、9的翻牌将给你最好的顺子。但这并不意味你非赢不可。因为如果接下来再出现一张9，拥有一对口袋9的玩家则有4个9，你的成手就不如他

的了。

位置：一个玩家就按钮的相对位置。随着按钮换庄，每个人的位置也跟着变动。

靠前：按钮左侧的首三个位子，也即最不利于玩家的位子。

中间：按钮左侧第4至第7个位子。

靠后：第8和第9个位子。这两个位子的玩家因为可以先观察他人的决策后作决定，因此较占优势。

按钮：这是全场最有利的位置。

Open-ended straight（边张顺子）：4张连续的牌是两头任何一张牌都可以凑成顺子的一个成手。假设某人有K、Q，翻牌里有J、10，则连接任何一端的牌A或者9都可能凑成一副顺子。

出路：一个玩家在某个阶段所可能获胜的几种方法。比如一个拥有一对口袋9的玩家需要多一张9来取胜，他的就有两条"出路"（剩下的两个花色的9）。

Overcard（高牌）：比台面的公共牌高的口袋牌。口袋A、K就是5、7、J翻牌的Overcard。

口袋对子：两张等值的底牌，比如AA、KK、77或者22。

底池：每一个牌局里众人已押上的筹码总额，也即该局的奖金数目。

抹布：一张低数值并多数不影响胜负的公共牌。

佣金：扑克厅在常规游戏里向每一局的赢家抽取的场费。

常规游戏：即非比赛的单桌游戏。玩家的收入按照每一牌局的输赢而定。每一个牌局是独立的。玩家可以随时入座加入游戏，也可以随时离开。

连套：一个口袋对子在碰上一张等值的公共牌，凑成三条时，就"成了一套"。

摊牌：在最后一圈押注以后仍没有人放弃，大家就得当面"摊牌"，把底牌亮出来比个高下。

Side-Pot（边池）——当某人全押的时候，一个边池就会形成。这个边池包含到这个时候为止众人所有已经押上的筹码。全押的这个玩家若赢了这一局，只能赢走边池里的奖金，而不能带走在他全押以后其余人加上的注码。

起手牌：就是各个玩家不让别人看到的底牌。

冒烟：七窍生烟，失去控制而胡乱玩。

Streak：进入连续屡战必胜的状态。

同花/杂色：泛指起手牌里的两张牌是否属同一/不同花色

马脚：一个玩家下意识败露玄机的习惯性小动作。即露出"马脚"。

倾斜：像疯子一样胡乱玩。一般在连续爆冷输了以后开始。

设陷阱：在知道自己稳操胜券的情况下诱导别人加注，以增加自己将赢得的底池（奖金）数额。

2.德克萨斯扑克新手必读

（1）不要看太多的牌，而是应该盖掉更多的牌

新手最常犯的错误就是看牌太多。渴望参与的心情是可以理解的，因为无论如何，想赢就必须参与牌局，坐着看是不可能赢的，但参与得多，并不意味着赢得就多。

相反，往往意味着输得更多。如果你突然发现有近一半的牌局自己都参与进来看牌，那你就是时候反省一下了。

（2）别纯粹为了诈唬而诈唬

玩牌的人都知道诈唬是技巧的一部分，某种程度上是很重要的一部分，但诈唬不可以滥用，也根本没有一定之规。那只是在特定条件下对特定对手的一种策略。

有些新手甚至认为没诈唬成功过就不叫赢牌。但这是错误的，玩牌的最终目的是赢而不是耍花招。建议新手少玩或不玩诈唬。

（3）不要因为已经有了投入就干脆玩到底

这可能是新手另一个最常犯的错误。他们可能会因为盲注或是听牌不中卷入一次牌局，心想既然都已经下注了，干脆玩下去吧。

很简单的道理，你不可能仅仅因为下过注了就能赢回点儿什么来。除非锅底的赔率高得不可思议，你大概可以听任何的牌。

但大部分时候如果明知自己已经输了，就应该尽早地放牌，那些投过的筹码早就不再属于你了，即使你玩到最后，也不可能拿回一分钱。

（4）心理承受能力太差

玩扑克的时候常有AA输给同花或更小的牌，这样的牌常输很多，而很多新手急于赢回刚刚输掉的钱，因此控制不了自己的情绪，本来不玩K7的牌，现在也玩上了，本来不玩诈唬的也玩上了。心理问题：有些新手常常赢了一点点就不玩了，而输的时候偏偏多次再次存款。

（5）别只是为了看看别人的牌而跟注到底

许多新手有着很奇怪的心理。如果你不确定是否输了，用再烂的牌跟注都不算大错，但你已经感觉到输掉了，为什么还要给对手上贡呢？难道是钱太多？

（6）别人的牌比自己的牌重要

新手往往一门心思只在看自己的牌，看看公共牌发出后，自己组成了什么样的大牌。这当然无可厚非。但总是如此你是不能得到发展的。要学会看这些公共牌可能组成的最大牌是什么，以及推测对手可能会拥有什么样的牌。

（7）适合自己的就是最好的

不要贸然闯入高额赌局。虽然那里赢钱很快，但输钱更快。你去那里之前先掂量掂量自己的技术程度和钱包厚度。越是高额赌局越是藏龙卧虎，高手都在那里等着宰你呢。在炼就金刚钻之前，就不要去揽这瓷器活了。

敲三家

敲三家为6人游戏，3人为一方形成朋友，与另外3人竞争。每盘牌结束后，根据双方每个人打光牌的先后次序，分别奖给不同的分数，同一方3人获得的分数加在一起记下；若干盘后，哪一方累积的分数先达到指定的分数（事先规定好），即赢这局牌。

1.分组

扑克牌一副，6人玩，3人一方。可自愿结合，也可摸牌分组。分好组后，双方人员互相间隔，6人围成一圈。

2.首抓和首出

由某人洗牌，另一人切牌，从牌沓中任抽一张牌，明放插在牌沓里，然后由切牌的下家首抓牌，依次将牌抓完。抓到明牌的人首出牌。以后每盘，由上盘倒数第二个将牌打光者首抓、首出。

如最后打光是同一方的两个人，则由他们决定谁首抓、首出，但不允许一人首抓、另一人首出，首抓、首出必须是一个人。

3. 洗牌和切牌

每盘牌最后将牌打光者负责洗牌，第一个将牌打光者负责切牌。

4. 名次与得分

第一名叫"头游"，第二名叫"二游"，第三、四名叫"中游"，第五名叫"三先"，最后一名叫"末游"。获"头游"得3分，获得"二游"得2分，获"中游"、"末游"者0分。

获"三先"者要根据情况区别得不得分：如一方获"头游、二游、三先"，则不得分，这盘比分为5∶0；如"头游、二游"由双方分获或对方所获，且"末游"为对方人员，这样三先一方者得2分。

如果一方3个人在另一方的3个人之前将牌全打光，则加倍计分，为10∶0。

5. 进贡和还贡

一盘打完后，"三先"和"末游"要在下一盘抓牌后，把自己手中9张牌中的最大一张牌交给"头游"、"二游"。

进贡的牌应正面朝上，由"头游"先挑，"二游"后拿。"头游"、"二游"必须从自己牌中挑一张退给"三先"、"末游"。"头游"先还，"二游"后给，牌面朝上让人看到什么牌。

6. 牌的大小顺序

本牌大小依次为大王、小王、2、A、K、Q、J、10、9、8、7、6、5、4、3。花色间无级别高低，同点牌大小相等，以先出为大。

7. 出牌的种类

游戏中作为首出者可打"单张"，即一张牌；"双张"，即牌点相同的一对；"三张"，即牌点相同的3张牌；"四张"，即牌点相同的4张牌；"四张以上牌点数相同的牌"，即用王或2代替，打4张以上同牌。

"顺子"，即3张以上牌点数连续的牌；"亲家顺子"，如"3、

3、4、4、5、5"；"同花顺"，即3张以上的顺号牌的花色是同一种；"亲家同花顺"，即打出的"亲家顺子"中，由两组以上的"同花顺子"组成，如梅花"J、Q、K"和黑桃"J、Q、K"即可组成。

8.替牌

大王、小王、4张2可以作替牌。大王、小王可在"双张"、"三张"、"四张"、"四张以上"、"顺子"、"亲家顺子"、"同花顺"、"亲家同花顺"等各种类型的牌中，充当任意点数、花色的牌。2在替牌时，只能替对子牌，不能替"顺子"、"同花顺"牌。

9.真、假顺子及同花、非同花顺子的大小

比大小的原则是"先大小，后真假，同花大于非同花"。例如："A、小王、Q"＞"J、10、9"；

红心"10、9、8"＞"黑桃A、方块K、梅花Q"；

"梅花Q、大王、梅花10"＞红心"10、9、8"＞"方块10、小王、8"（同级真大于假）＞"方块K、方块Q、黑桃J"。

10.出牌规则

出牌时，沿逆时针方向轮流出牌，第一个出牌人打出什么类型的牌，后面想出牌的人必须打出与这种类型相同的牌，而且张数也要一样，后面出的牌比前面出的要大，直到最大，这种类型的牌告一段落。出最大牌者可根据自己牌型出任何种类的牌，其他人则应按这人出的牌型继续打牌。

11.记分决定胜负

一盘打完，排好名次记下应得的分数，达到预定约定的分数值。则为一局牌结束，先达到积分的一组为胜者。

攻擂

攻擂是通过配牌、比牌来决定胜负的一种比较复杂的牌戏，可两个人玩，也可3人或4人游戏。扑克牌一副，去掉大王、小王。玩时由一人当擂主，其余人作为攻擂者。

1.分牌

擂主将牌反复洗过，由上手家切牌，按顺时针方向将牌轮流发给每人，每人13张牌。如两个人玩，一副牌可玩两次；3人玩，一副牌只能玩1次。

拿到牌后，各自将13张牌按3、5、5张分三道进行配牌，配好后将牌倒扣桌上，不许再变动。等大家都配完，一起亮牌。攻擂者与擂主一道一道地比大小，攻擂者之间不比大小。

比完后按规则计算出成绩记在纸上。若干回合后，擂主所得净胜分超过500分，则守擂成功；若攻擂者达到200分，则攻擂成功，由攻擂者当新擂主。

2.擂主的确定

第一局的擂主由所有参加游戏者抽牌决定。每人在一副牌中抽出一张牌比大小，大点数者为擂主。如大点数者同时有几个，则再抽一次，直至确定出擂主为止。

3.配牌

每人必须把13张牌配成3张（第一道）、5张（第二道）、5张（第三道）牌。第一道最小，第二道比第一道大，第三道牌最大。

4.牌的大小

从大到小依次为A、K、Q、J、10、9、8、7、6、5、4、3、2。4门花色无级别高低之分，地位相同。

比牌时，任何一道上攻擂者与擂主的牌大小一样，则判擂主胜。

5.第一道牌的大小顺序

"三同张"、"对加单"、"三单张"。

"三同张"要求3张牌的点数一样，花色任意。比牌双方都是三同张，则比三同张牌点的大小。

"对加单"，即一对对子加单张。双方均是"对加单"，先比"对子"大小。如"对子"一样大，则比单张大小，以定胜负。

"三单张"，先比最大的一张，如相同则比其次张，再相同，则比最小的那张。

6.第二道牌和第三道牌的大小顺序

由大到小依次为"同花顺子"、"四同张"、"三同二同"、"同花"、"顺子"、"三同张"、"二对子"、"一对子"、"五单张"。

"同花顺子"即5张花色相同、牌点连续的牌。如双方均是"同花顺子"，则比点数大小。

"四同张"，5张牌中4张牌的点数一样，另加任意一张。双方都是"四同张"，则比牌点大小。

"三同二同"，即5张牌，由一个"三同张"、一个"对子"合成。比大小时只看"三同张"的大小，与"对子"大小无关。

"同花"指5张花色相同的风牌点不连续。双方均是"同花"，从

大到小一张一张比大小。

"顺子"指5张牌点连续但不是一种花色的牌。如双方均是"顺子",只要比最大一张牌的点数。

"三同张",指5张牌中有3张牌点数相同,另加2张单张。"三同张"之间比大小,只比"三同张"的牌点,与单张无关。

"二对子",即5张牌中有2对牌的点数相同,另加一张单张。双方都是"二对子",先比大的一对,再比小的一对,最后比单张大小。

"一对子",就是5张牌里有2张牌点数相同,外加3个单张。比大小时先比对子大小,如相同再依次比另外3张单张的大小。

"五单张",是5张完全互不相关的单张。比牌时,从大到小依次比大小。

7. 游戏的特殊规定

以下各种特殊类型牌不用经过配用而可直接获胜。大小分别为:"青龙"、"花龙"、"三个四同"、"四个三同"、"六对半"、"全红、全黑"、"全大、全小"、"三同花"、"三顺"。

"青龙",即13张牌花色完全一样,某门花色的13张牌被一人拿齐。

"花龙",即13张牌的点数从A(1点)到K(13点)连续,花色不同。

"三个四同",即13张牌中有3个"四同张",另外一张单牌。

"四个三同",即13张牌中有4个"三同张",外加一张单牌。

"六对半",即13张牌中有6个"对子",余下一张单牌。

"全红、全黑",指13张牌的颜色一致,全红、全黑中红心、方块、黑桃、梅花的张数均不受限制。"全红"与"全黑"相等大小。

"全大、全小",指13张牌的点数全部在8以上(包括A)或在8以下(包括A),花色不限。"全大"与"全小"大小一样。

"三同花"，即13张牌可组成3、5、5张的3组"同花"，花色和点数任意，可以3种同花的花色各一，也可以有2种相同花色。

"三顺"，指13张牌可以组成3、5、5张的3个"顺子"，对顺子的大小、花色无任何限制。

对于这些特殊类型的牌，只规定不同类牌的大小顺序，而对同一类的牌，不再区分大小。

当攻擂者与擂主拿到的都是一副"三同花"时，不再按"同花"用点的大小去一一比牌，而一律判擂主为胜。

8.记分方法

在纸上分别写上游戏者的姓名，每副牌比完，攻擂者分别把自己获胜的分值记在自己名字下面，擂主则将自己与所有攻擂者比赛所获

的胜分累计后记在自己名字下面。

特殊类型牌的胜分分别为:"青龙"获200分;"花龙"获130分;"三个四同"获100分;"四个三同"获80分;"六对半"获60分;"全红"、"全黑"获50分;"全大"、"全小"获得40分;"三同花"获30分;"三顺"获30分。

非特殊类型牌,胜一道牌获10分。但还有一些特殊计分方法为:第一道牌如果是"三同张",胜则获30分,其他均为10分。第二道用如果是"同花顺",胜则获100分;"四同张"胜则获80分;"三同二同"批获20分,其他均为 10分。第三道牌如果是"同花顺",胜则获50分;如果是"四同张",胜则获40分,其他牌胜一律为10分。

捉黑A

捉黑A也叫作找朋友,适宜4~5人游戏。打牌时分为两方,庄家和持有黑桃A的一家组成一方,其余人组成另一方。如果庄家自己持有黑桃A,则庄家独自一方,余下人为另一方。

游戏时从抓牌到打牌,直至黑桃A这张牌打出来之前,除持有黑桃A者外,其余人均不知究竟谁持有黑桃A。庄家应通过迹象去分析并找出这个隐蔽的朋友,联合起来。

捉黑A的玩法基本上同"争上游"一样。

1. 庄家的确定

第一盘的庄家以抓到一张明牌为准。以后则以首先打完牌的人作为下一盘的庄家。

2. 黑桃A的显示和隐藏

持有黑桃A者要暗中配合庄家,共同对付另一方。一般不轻易暴露身份,而要巧妙伪装,迷惑对方。等到时机成熟时,打出关键牌表明身份。

庄家应审视各人出牌的态度,进行分析,尽早判明"敌我",以免自相残杀，给对方坐收渔翁之利。

3.进贡还贡

捉黑A进贡规则比较复杂，变化多，容易搞乱。

如庄家自己持有黑桃A，并且第一打完牌，则其余人均应进贡各自最大的牌，并按出完牌的先后次序从庄家还贡的牌中挑选一张。

如其余人中有人比由家先打完，庄家要向这些人每人进贡一张牌，但可以受贡比庄家晚脱手牌者。如庄家与黑桃A是不是同一个人时，庄家最先打完牌，黑A其次，那么庄家吃较大的贡牌，黑A吃较小的贡牌。

如其余的人中有人最先出光牌，庄家和黑A必须向这人进贡，但可以吃比他们后出光牌人的贡牌。

任何时候都必须先进贡、后吃贡，任何人都不能把别人进贡给他的牌再作为贡牌去进贡。

吃贡、还贡均要严格按照出光牌的先后顺序来依次进行，不能随便乱吃、乱还。

四百分

4人玩，每两人为一方，进行双人对抗，以取分为获胜手段。用扑克一副，去掉大王、小王。

1.分数牌

共计24张分数牌，K每张25分、Q每张20分、J每张15分、10每张10分、5每张5分、2每张25分，总共为400分。打法与百分相似。

2.牌的大小

牌的大小顺序为A、K、Q、J、

10、9、8、7、6、5、4、3、2。

3. 发牌

4人分为两组，面对而坐。洗牌、切牌后，按顺时针方向从左方一人起发牌，每人每次一张，发给每人12张，余下4张牌，牌面朝下，作为底牌。

4. 叫牌及将牌的确定

由发牌人首先叫牌，先按顺时针方向轮流叫牌。叫牌从200分起叫，5分为一个等级，每人叫牌次数不限，当一人叫出后其余3人均不叫时，此分即为最后定约。并由叫出此分的定约组打牌。

定约人可将余下的4张牌归入自己手中，把无用的4张牌牌面朝下换出去。然后，指定一种花色的牌为本盘牌的将牌。

5. 打牌

定约人首先打牌，其他三家依次跟牌，在同花色内比较大小，从大到小依次为A、K、Q、J、10、9、8、7、6、5、4、3、2。

在一轮中持最大牌者可以赢得这轮4张牌中带有分数值的牌，并获得下一轮出牌权。当某人在跟牌时缺少这门花色牌，可以根据实际将吃或者垫牌。

这样，当手中12张牌全部出完，即可计算双方各得的分数。

6. 计分

如定约为370分，定约人必须至少打到370分才完成定约，超额的分不计算为成绩。

如只完成340分，比定约差30分，这30分则计算到另外一方的成绩上。在计算总分时，必须把底牌中的4张牌的分数计算进去，底牌的分数属于赢得最后一轮牌的人。

7. 胜负

一般以得分多少来确定胜负，如一方定约完成，这方则获胜。一方定约失败，另一方则获胜。玩前，双方还可商定一个分数指标为这一盘游戏的最后胜利指标。

憋7

憋7也叫花色接龙，是一种带有一定技巧性的码牌游戏。一般2~6人游戏，最好是3~4人玩。选用扑克牌一副，去掉大王或小王任意一张。

1.牌的种类

憋7中有引牌、活牌、死牌3种。

各种花色中的7叫引牌，其中黑桃7是首引牌。每一种花色的牌要等这种花色的7出来之后，才能接连顺序依次出牌。

除7以外，从K到A的所有牌张叫活牌。当引牌出来后，可依花色接连接顺序相接。

大王或小王，叫死牌。该牌一般不能与任何花色的牌相接，谁最后有这张牌，谁为负者。

2.抓牌

参加者按逆时针方向依次轮流抓牌（53张），抓完为止。有人会多一张牌，无关紧要。

3.出牌

每盘均由持有黑桃7的人首先出牌，而且必须出黑桃7。然后按抓牌的顺序依次出牌。第二个出牌的人必须出黑桃6或黑桃8（与首张连续且同花色），或者出其他花色的7，而不许出其他牌。第三人也按出牌规则出与桌上已有的花色牌相连续的牌。以后每人都严格按上法出牌。

4.借牌

如果出牌者手上没有符合出牌规则的牌，那他必须向上家借一张牌，而在这一轮出牌时不出牌，由下家接下去出牌。

不过，不允许游玩者故意不出牌而向上家借牌。一旦发现，则判为失败。

5.给牌

下家向上家借牌，上家必须把手中的一张牌借给下家，借给下手的牌应该是最差的牌，例如：王、A、K、Q、2、3等等。

6.码牌

游戏者打出的牌，一般是以黑桃7、红心7、方块7、梅花7为起点，在它们的上方，分别按各自的花色及8、9、10、J、Q、K的顺序码成一竖行；在它们的下方，同样根据它们各自花色与6、5、4、3、2、A的顺序码成竖行。

这样，待这盘牌结束时，就分别码成了以A到K的4种花色的4条竖行。

7.胜负

谁首先把牌出完，谁就是胜利者，王牌落在谁手中，谁就是这盘牌的负者。

借牌者手中有可以打出的牌，却故意向上家借牌，被发现后，该借牌者为负者，其他人为胜者。

8.活王打法

这种打法与上述不同之处在于王可以代替任何一张牌，可由持王牌者机动使用。当王代替了某张牌后，这张牌就成了"死牌"，这盘结束时，这张"死牌"在谁手中，谁就是负者。

五十一分

这种游戏可由2～5人参加，扑克牌一副。

1.抓牌和打牌

洗牌后按逆时针方向轮流抓牌，每人手中抓到5张牌后停止抓牌。

然后，首先抓牌的人再抓一张牌，替换手中某张没用的牌，把这张牌明放在桌上自己面前，下家可在牌沓中抓一张牌，也可把上家刚

打出的那张牌捡起，然后再打出一张牌摊在自己面前，使手中始终持有5张牌。

2.分数的折算

当某人手中5张牌凑成了同一花色牌时，便可折算分数。K、Q、J、10各算10分；A算11分；2~9按牌点数算；大、小王各算10分，而且可以代替任何一张花色的牌。5张牌所算的分数加起来最多为51分。

3.亮牌

当手中牌所折算的分数加起来超过40分时，便可以亮牌。亮牌分明亮和暗亮两种。

明亮，即把牌摊开来让大家看，如其他人没达到40分，或者没亮牌者的分数高，则这盘牌由亮牌者获胜，并把他的分数记下来。如果其他人手中的牌也达到了40分，并且比亮牌者的分数高，则可把自己手中的牌摊出，这盘牌则算后者获胜。

暗亮，即某人手中的牌已达到亮牌要求时，把牌扣放在自己面前，表示手中的牌点已过40分，问其他人是否敢"顶"（同亮牌者比分），如有人顶，顶牌者也把牌扣下，然后亮牌比分。

如顶牌者分数高，则暗亮牌者输，不计分；顶牌者获得的分数以他手中牌的实际分数加倍计算。

如顶牌者的分数不如暗亮者的高，则暗亮者获胜，他的得分数为自己持有的实际分数加上顶牌者持有的实际分数。

如无人顶牌，则暗亮者将牌摊开，经查核无误后，将持有的实际分数记下。

也有的玩法规定，手中持有的5张牌不一定必须是同花色牌，只要加起来的分数超过40分就可以亮牌，其他规则不变。

4.基本规则

如果顶牌者、亮牌者、所持牌的分数相同时，没王代替的纯花色牌胜过有王牌的牌。如两人都是纯花色或都是非纯花色的，分数相同时两人不分胜负，各自计分。

任何人面前打出的牌凑齐5张后则放在一旁，不再作为替换的牌。

如整沓牌全被抓完仍没有人亮牌，则将所有的牌收起，洗过，重新打牌。

打牌前应先商量好一个规定分数，作为一局的终止，谁的累积分先达到这个规定分，则获这一局的胜利。

捡十四分

以4～6人玩较宜，可以各自为战，也可以分组对抗。扑克牌一副，大王、小王、A均算1分，K为13分、Q为12分、J为11分、10为10分，以此类推。

1.开牌

如甲洗了牌后，让上家切牌，再由这人首先抓牌，其余人依次轮流抓牌。3人玩时每人抓6张牌，4人玩时各抓5张牌，5人时各抓4张牌。

然后由首先抓牌的甲在牌沓上翻出明牌放在桌上，牌面朝上。4人玩放5张牌，5人玩时放6张牌，6人时为7张牌。

2.捡牌

由甲开始捡牌，他必须用手中一张牌去捡明牌中的一张牌，但这2张牌的分数加起来必须是14分。如以J去捡明牌3，以A去捡明牌K等。

每人每次只能捡一张，捡后就把这组牌拿回来，放在自己面前不能再用。再从牌沓中补抓两张牌到手上，然后再打一张牌在桌上，牌面朝上。

轮到别人捡时，如果捡不了，就从牌沓中补抓一张牌，再打出一张明牌来。

当补牌沓被抓完后，则可计分。

3.计分方法

每人计算自己面前组合成14分的牌，每张黑桃为4分，每张红心为3分，每张方块2分，每张梅花为1分。分别计算出每人得到的分数。总分多者获胜。

最后胜利

这牌戏适合4~6人玩，不分组，以各自为战。扑克牌一副，含大、小王在内，共54张牌。

1.发牌

任一人为甲，由甲洗牌后交上家切牌，然后由甲按逆时针方向轮流发牌，每人每次一张。4人玩时每人发7张，5人玩时每人发6张，6人玩时每人发5张。

2.将牌的确定

当每人手上的牌数已满，牌沓最上面那张牌要明放桌面上，它的花色就是将牌花色。

3.比牌与补牌

由甲首先出牌，其余人依次跟牌，每次每人跟出一张牌。首牌是

什么花色,则应跟出同样花色。如果手中没有首张花色牌,有将牌时可以将吃,无将牌时则可垫牌。

各家跟上首张牌转一圈后,这些牌即为一墩牌。在这墩牌中,要比牌点大小,谁的牌点最大,谁得墩。

谁得了墩,就有权从牌沓中补抓一张牌。补牌到手后,由得墩者出新的首张。

4.胜负

按手上牌出光的顺序排为"破产户"头家、二家……,最后手中有牌者为胜利者。

5.计分方法

胜者获正20分,头家破产户为负40分,二家破产户为负30分,三家为负20分……

玩前可定好每局的指标分,以先达到指标分的人为该局的获胜者。

憋负分

这种牌戏以4~8人最为适宜;去掉大、小王,共52张牌;3人以下应剔除一种花色牌。3人以下玩时可用半副扑克牌，两人玩牌应剔去两种花色牌。

1. 开牌

任一人为甲，由甲洗牌后交上家切牌再由甲首先抓牌，再按逆时针方向依次轮流抓牌，直至把牌抓完。首张牌必须是黑桃7，持有黑桃7的人把牌面朝上置于桌上，然后按抓牌顺序接牌。

2. 接牌

黑桃7出来后，由下家接牌。接牌者必须按黑桃花色往上或往下两端连续的牌去接，不准跳接，必须连接。

3. 扣牌

如果在接牌时，手上没有能接上的同花色牌，就要从手中抽出一张牌，牌面倒扣于自己面前，然后再由下家接牌。

4. 出7

如果手上没有能接的牌，但有另一花色的7时，则可以出新的中心牌张7。

5. 牌分的计算

7为负7分，逐渐向两端递减负分。6和8为负6分；5和9为负5分；4和10为负4分；3和J为负3分；2和Q为负2分；A和K为负1分；大、小王为零分。

6. 胜负

当谁也接不上，全部出完牌时，各自翻开门前扣牌，累计分数。负分少者为胜，负分多者为负。

如分组游戏，则将各组人员的总分计算则可。

带2、K憋负分

这种玩法与"憋负分"的玩法基本相同，只是把2、K作为"混子"牌，可以代替任何牌能使用。被代替的那张牌就不能再作为接牌，而作为加倍的负分算在持有者的成绩上。

带王憋负分

这种玩法与"带2、K憋负分"的玩法完全相同，只是把大王、小王也定为"混子"牌，可以代替任何牌张使用。被代替的那张牌不能再作为接牌，而作为3倍的分值计负分。

议将夺墩算分

该牌戏可供2~4人游玩，以4人最为适宜。4人以下玩时，各自为战；4人玩时，可分成两组进行对抗夺墩。扑克牌一副，去掉大、小王，共52张牌。

1.牌的大小

从大到小按A、K、Q，一直排到2，大牌点管小牌点，将牌可盖吃其他花色牌。

2.发牌

任一人为甲甲洗牌后，由上家切牌，甲按逆时针方向发牌，每家每次发给一张牌，每一轮发给每人5张牌为止。打完第一轮牌，再发第二轮牌。

3.议将

发完牌后，把牌沓中最前面一张翻开为明牌，作为候选将牌。

两人打时，乙要是同意明牌为将牌，可以把明牌取回手时，再拿出一张自己认为无用的牌，牌面朝上插进牌沓内，将牌就议定了。如果乙不同意，再听甲的意见。

如双方都不同意，由甲将明牌面朝下插入牌内，再翻牌沓最前面的一张牌变明牌，进行第二轮议将。

如果4人玩时，议将时每人都可表态。

4.定约

如果乙同意甲揭的明牌为将牌，并且换进了明牌后，乙（或乙方）就为定约方，甲（或甲方）就是抗约方了。反之，乙不同意，而甲同意，甲换牌后就是定约方，乙则为抗约方了。

5.攻牌

由定约人的上家（左邻）在定约后攻牌。攻牌是什么花色，跟牌也是这种花色，没有这门花色，可用将牌吃掉，也可垫牌。

6.得墩

在一墩牌（两人为2张，3人为3张）中，谁牌点数大谁得墩。下一轮，由得墩者出牌。

如此下去，直至打完5墩牌。

7.计分和胜负

每墩牌为1分。可定5轮、8轮、10轮为一局，也可定20分、25分、50分为一局。谁在一局中得分多或先达到一局的指标数，谁就取得这一局的胜利。

红心正五十分

扑克牌一副，去掉大、小王，共计52张牌。3～5人均可玩，以4人玩为宜。

1.牌值

红心2最大，可以管任何牌。红心牌全为正分，黑桃牌全为负分，方块、梅花牌没有分。红心、黑桃的正负分为：A、K、Q、J各10分；10、9、8、7各5分；6、5、4、3各3分；红心2为正20分，黑桃2为负20。

但在打牌过程中，红心以外的2仍为最小点的牌。因此，争夺红心2是斗牌的焦点。

2.发牌

每人手中发4张牌，余下的牌为补牌。

3.将牌的确定

由发牌者在发完每人4张牌后，从牌沓中任意翻一张为明牌，作为将牌花色，并把该牌插回原位。

4.出牌

由发牌人（甲）带头打出一张牌，其余人跟出，或者垫牌、或者将吃。每出一轮牌后比大小，由最大牌者得墩。将墩中的正分牌红心、负分牌黑桃放在得墩者面前，以便计分。得胜者在下一轮中首出，如此下去。

5.补牌

打完一轮后，由得墩者首先补一张牌，其余人跟着补一张。补好牌由得墩者带头出首张。这样打到牌沓和手中的牌全部打光为止。

6.计分

一副牌打完，按每人实得的正、负分计算成绩。由一人独得红心13张牌，为正200分；由一人独得黑桃13张牌，也得正200分。可预定好若干分为终局，先打到指标为胜者。

普通换牌比分

扑克牌一副，去掉大、小王，用52张牌。3~5人均可参加，以4人为宜。

1.发牌

每人发4张牌，余下为补牌。

2.翻明

发好牌后，由甲先从牌沓中任意取出一张牌，翻成明牌，置于桌中，作为换牌的基础明牌。

3.换牌

由甲先换，换几张均可，最多为4张。手中换出的牌应翻明牌，由其他人接着换牌。

当基础明牌被大家换过以后，谁也不再换这些牌时，这些牌置于

桌面一角，再也不准动用了。

这时，甲再从牌沓上翻出4张牌，作为第二轮明牌基础牌，供大家选换。

4.亮牌

当某人把牌换成数字相连的同花色4张顺子，为"四同"，当轮不得亮牌，等下轮换牌时，方能把牌亮开，摊在桌上。

5.计分

组成4张同花顺子（如黑桃3、4、5、6）为50分；四同张为80分；另外4色的K为100分，4色的8为160分。

计分时，如有人比亮牌者的牌点数值大的，则只记高者分数，亮牌者无分；场上有人也成副，但点数小于亮牌者，也一律无分。

6.胜负

可采取5盘、10盘一局制，或正负500分制。谁的得分多或谁先达

到500分，谁就获这一局的胜利。

带王换牌比分

这种打法与"普通换牌比分"的打法基本相同，只是加上大王、小王在内，共54张牌。大王、小王作为"混子"牌使用，并加倍计分。

如亮牌者以黑桃3、4、5、大王（或小王）成副，其基础分为50分，加倍而记100分。又如四同张8成副，基础分为160分，如以王代替一张8，则加倍记成320分。

如果同时用大王、小王为混子牌成副，则加两倍记分。

普通讨牌

这种游戏4~8人为宜。

可以各自为战、也可分组对抗。扑克牌一副，去掉大王、小王，共52张牌。

1. 发牌

由任何人任甲，负责洗牌、发牌。4人时每人发13张牌；5人时剔出黑桃2、梅花2，每人发10张牌；6人时剔出全部2，每人发8张牌；7人时剔出方块2、黑桃2、梅花2，每人发7张牌；8人时剔出全部2，每人发6张牌。

2. 开牌

按逆时针方向，依甲、乙、丙、丁、戊、己、庚、辛的顺序讨牌。

3. 讨牌

即有讨牌权者，可不限次数的向任何人（包括刚被讨要过的人）讨要不限数量的牌。被讨者如果手中的牌中有被讨要的牌张，不得拒绝给牌。

通过讨牌达到两个目的：既要组起自己的套牌，又要破坏对方组成的套牌。

假如由甲开始讨牌，甲手中有2张5点牌，并判断丁可能有同点牌，于是向J讨一张5点牌，丁有5点牌即给甲，甲讨到牌就享有继续讨牌权，并判断庚可能有5点牌，于是向庚讨一张5点牌，庚有并立即给甲，甲就组成5点牌"四同张"，甲把4张5点牌明放于自己面前，成为有分牌，待计。然后，甲又享有继续讨牌权，可以接着讨下去。

4.讨空

一旦讨牌者提出向谁讨的牌，被讨者手中确无此牌时，即为讨空。讨空者应把讨牌权移交下家。

5.处罚

手中有被讨的牌而不给者，每次罚1分；手中剩有的未成套（四同张）的牌，每张罚1分。

6.计分

每成一副四同张，得正2分。分组对抗时，应把每个组员的分相加，得分减去罚分，就是实际得分。

普通调牌

扑克牌一副，去掉大、小王，共52张牌。3～5人均可玩。可各自为战，也可分组对抗。

1.发牌

选出某人为甲，由甲洗牌、发牌，每人发4张牌在手。发完后，由甲再翻出3张（3人时）、4张（4人时）、5张（5人时）作为基础可调换明牌，置于台面中央一角。剩余牌置于台面中央另一角，作为补牌备用。

2.调牌

由甲带头调换牌，不限花色，不限张数。手中的牌有几张就可调换几张明牌；甲把手中调出的牌明放桌上，供下家调牌。

3.补牌

当台面上的可调换的明牌被换过几轮后,对各家来说都成为没有用的牌时,由甲将这几张牌置于台面中央另一角。

再由甲从备用补牌沓上,依次翻出既定张数牌,作为第二轮可调换明牌,继续进行换牌,直到有人成囵为止。

4.成囵

凡同花色、数字相连的4张顺子叫顺囵,如黑桃2、3、4、5或方块A、K、Q、J。凡4张同点牌叫横囵,如4个7、4个10等。4张7叫"7囵"、4张10叫"10囵",发完4张牌就成副的叫"天囵",在第一轮牌中,调换一张牌就成副的叫"地囵"。

换牌成副时,需等下一轮次有换牌权时,才能把成副的牌置于门前,请人验证。

5.计分

顺囮10分，横囮20分，8囮80分，K囮130分，地囮150分，天囮200分。

普通做牌捡分

扑克牌一副，去掉大、小王，共52张牌。2~6人均可参加。

1.发牌与翻牌

由甲发牌，每人4张在手。甲在牌沓上翻出4张牌作为基本被捡明牌。剩余牌作为备用牌，置于台面中央。

2.捡牌

捡横副是用2张不同花色的同点数牌捡一张被捡明牌。捡合（加法之和）等于手牌点数之和的几张明牌。

如手牌为梅花9，即可捡明牌中的2、2、5（9点牌组）；手牌是方块10，则可捡明牌中的7、3或2、3、5成为10点牌组。

每人每次只许捡一次牌，捡的牌组要正面朝上置于自己跟前。

3.做牌

当轮到某人有捡牌权时，他捡不了牌，就可以做牌，或者虽然能捡牌，但带不进有分牌或高分牌（方块10、黑桃2）而不愿捡牌时，可报一声："号定XX和XX（花色和点数）做牌。"

再用一张相应的手牌压在准备下一轮捡的种子牌上面（不要把种子牌盖严，必须把花色、点数露在外面），就把牌做了。

如手牌中有梅花10和一张3点牌，被捡明牌中恰好有方块3和梅花4，缺3点够10点牌组（合副），则可把手牌的3点牌压在明牌方块3或梅花4上面，则做了预捡牌，下轮就可用手牌梅花10捡回。

至此，则轮到下家（右邻）有捡牌权，可以开始捡牌了。已经有人做牌的牌号，不许别家再动，只能等做牌本家下轮去捡。

4.补明牌

当一家捡完明牌后，按既定数缺几张就由甲从牌沓上补几张，明翻后置于捡明牌位置上。

5.补手牌

在甲补完明牌之后，已捡完牌者就可以从牌沓上面补抓既定常数的手牌缺额张数。上家补完手牌后，下家就有了捡牌权，可以开始捡牌了。

6.无力

当轮到某人有捡牌权时，他既捡不了牌，又做不了牌时，就报一声"无力"，从牌沓上面抓一张牌入手，然后从手中再打出一张牌，加到被捡明牌中去。

7.处罚

已经做了牌，但下轮不捡牌或不能捡牌，一次罚2分；被捡出牌的点数之和与手牌点数不符，一次罚1分；牌沓已用完，烂在手中不成组的单张牌，有分值的按既定分值罚分，没分值的每张牌罚1分。

8.计分

有分值的牌为方块10正10分；黑桃2正2分；4个A各正1分。

得牌张多的（2人玩玩时为20张以上，4人玩时为10张以上）奖励正2分；得黑桃牌多的（2人时为5张以上，4人玩时为3张以上）奖励正1分。

正分标出后，减去被罚分数，即为各家（组）的实得分数。

七巧

扑克牌一副，含大、小王在内，共54张。2～7人均可，可各自为战，也可分组对抗。

1.牌值

4个7各10分，大王、小王和A作1分使用，其他牌是几点就是几分。

2. 发牌

任一人为甲，由甲洗牌后交上家切牌，再由甲发牌。依次每人发给一张手牌。余牌作为添牌的牌沓，置于台面中央。

3. 添牌

发牌结束，由甲依次问各家是否添牌，首先问下家乙，乙表示要时，甲就把牌沓上面一张牌发给乙。乙说不要，再问丙依次向下问。

如此问完，添此牌后，以后是自由添牌了。一人添不添牌，全凭自愿，但一人至多可添6张牌，加上发的一张，手中不超过7张牌。

4. 巧副

手牌是一张7，独张构成"真巧副"，正10分。

手牌是一张7点牌，又冒险添进一张7点牌，构成"逢巧（或双巧）副"，记正20分。

在一张手牌的基础上，只进来一张，和数恰好为14分，构成"和巧副"，记正10分。

在一张手牌的基础上，又添进6张牌来，使手中达到7张牌，但其和数小于14分或等于14分，构成"多巧副"，记正10分。但是必须是7张牌才成立，多于或少于7张牌均为负分。

5. 处罚

当手上牌的分数超过14分时，就是"过标"，牌值是多少，就罚减多少分。

说添牌，但又不添了，就是"失信"，每次罚减10分。

手中的牌构不成巧副，牌值是多少就罚减多少分。

手牌中有巧副，另外还有余张牌，则不承认巧副存在，则变成负分。

6. 亮牌

在全场派完牌后，由甲宣布亮牌，各家必须把手牌牌面朝上置于各自面前，等待检验与计分。

胜负可定正负50分或100分制，游戏者自定。

个人的胆量

也叫作吹牛、唬人、信不信由你游戏。适宜5~6人，人多了手牌太少，人少了手牌太多，都不适宜。扑克牌一副，含大、小王在内，共54张牌。6人以上用2副牌。

1.开股

任一人为头牌，依逆时针方向排列甲、乙、丙等顺次。由甲洗牌。上家切牌，再由甲首先抓牌，其他人轮流抓牌，每人每次一张牌，直至把牌抓完。可能若干人少3张牌，那是正常的，无关大局。抓完牌后，由甲出首张。

第二盘则由"胆小鬼"为头牌；进行洗牌、带头抓牌和出首张了。

2.斗牌

头牌的首张暗出（牌面朝下），出单张、对子、3张、4张，甚至5张、6张均可以。

首张是几张，后跟者也必须出同样张数的牌。如果某人出牌后，其下家表示不相信，他可以把某人出的牌翻明，如出的牌是真的，下家要把所有牌（包括前面已经出的牌）收回手中，仍由某人出牌。如出的牌不是真的，某人必须把这些牌收回他手中，由下家出牌。

就这样，直至场上只剩一人还有手牌时为止。

3.胜负

以打光手牌的先后顺序为准。先打光的为冠军，次之为亚军等，最后一人为"胆小鬼"。

4.计分

4人玩时，冠军得4分，亚军得3分，第三名得2分，最后一位"胆小鬼"为负8分；6人玩时，冠军得6分，亚军得5分，第三名4分，第四名3分，第五名2分，第六名"胆小鬼"为负12分。

每局的标准可以事先商定，50分、60分、80分、100分均可。

杜洛克

以4人为宜，3～6人也可。使用1副扑克牌，去掉大、小王，共52张牌。

1.发牌

由一人发牌，每人每次发一张。4人玩时每人发8张，3人玩时每人发10张，5人玩时每人发6张，6人玩时每人发5张，余下牌作补牌用。

2.定将

手牌发满后，由甲从牌沓里任意翻出一张明牌为将牌花色，样牌是什么花色，该花色牌都是将牌。持有该花色的最小的牌（2）的人，可用该牌2调换样牌，如不愿换，也可以。

3.主攻人

一般由发牌者主攻，但也可以在开局前指定某张牌（如最小的4色2，按黑桃、红心、方块、梅花的顺序）的持有者为主攻人。

4.攻守战

主攻人打出任何一张牌，明放于桌面上。下家（右邻）必须用同一花色的大点牌来管住主攻人出的那张牌。比如攻方块4，那就必须用比方块4大的牌来（如方块6）管住。

防守人打出后，主攻人又可以打出一张与牌海中点数相同的牌来。继续进攻。这时牌海中有方块4、方块6两张牌,因此主攻人可以用其他花色的4、6发起第二次进攻。

如果主攻者手中没有这两种牌点的牌,另外几家(除防守人外)也可打出4、6来充当副攻手,而防守人必须以副攻的同花色的大点牌来管住。

如果防守人手中没有同花色的大点牌,而有将牌(带王时还包括大王、小王)时,则可用将牌或王牌将封或盖封。

这时,其他几家,虽手中还有和牌海中相同点数的牌,也不准再进攻了,这一次攻守战则宣告结束,已用过的牌应置于桌面一角。

刚才的防守者由于完成了封墩,接下来就由他来充当主攻人来攻牌了。如果主攻人打出一张攻牌后,下家手中没有同花色的点牌,没有将牌,更没有大、小王能盖住进攻,或者不愿意盖住进攻,那么他必须把牌海中所有的明牌全部吃进手。

接着,吃进牌的人担任主攻人,组织进攻,由他的下家进行防守。如此循环,直至把牌沓补光为止。

5.补牌

每一次战斗结束后,由封墩者带头从牌沓中补牌,不足8张则补满8张,满8张者则不再补牌。牌沓中的牌,补到最后一家或几家,可能不足8张,剩几张补几张。

6.冲刺

当牌沓中的牌全部补光后,场上每人还都有手牌,则组织最后冲刺。这时,可能仍会出现数次战斗,直至多数人将手中的牌打完为止。

7.净手

场上多数人净手,指的是3人玩时有2人、4人玩时有3人、5人或6人玩时有4人把牌打光。

任何一人,在牌沓还有牌可抓时,手上的牌打光,应立即补牌,不算净手论处。

场上一旦出现净手者,应停止进攻,由净手者按规定补牌,并担任主攻人。如此循环冲刺,直至多数人净手,剩下一人或两人为杜洛克。

8.计分

按人计分,4人玩时,第一净手者得4分,第二净手者得3分,第三净手者为2分,杜洛克为负4分。3人玩时,第一净手者得3分,第二净手者得2分,杜洛克负3分。5人玩时第一净手者5分,6人玩时第一净手者得6分,以下名次各递减1分。杜洛克为负分,5人玩时负5分,6人玩时负6分。

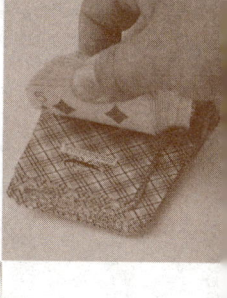

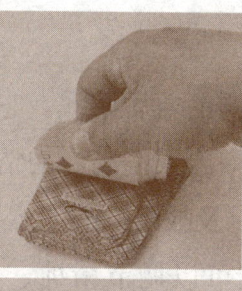

NO3. 校园桥牌类活动指导

桥牌的起源

桥牌是一项高雅、文明的益智游戏。它不仅能培养逻辑思维能力和加强判断能力，而且能陶冶人们高尚的情操，丰富和指导人生，其充满了哲理性和逻辑性，以及战略、战术运筹等。

因此，常打桥牌不仅可以调节精神、情趣，而且有助于智力开发，对保持思维的活跃、延缓衰老来有着积极的作用。

桥牌同时又是一项竞技性很强的体育运动，并以它特有的魅力而称雄于各类牌戏，风靡全球。西方人士曾赞誉桥牌是智慧之士设计的一种最有乐趣、最聪明的扑克牌游戏。

现代桥牌的起源

惠斯特是桥牌的前身，它出现在十六世纪的英国，最早的资料记载是在1529年。惠斯特曾被叫作胜利、将吃、斯拉姆、威士忌等，1742年出现了第一本惠斯特的专著。惠斯特由4名牌手参加，相对的两人为一方，与另一方对抗。

桥牌这个名称，据说最早出现在俄国或土尔其，俄国的类似惠斯特的比里奇游戏中首先出现了无将，并有了叫牌，后来增加了加倍和再加倍，且次数不限。在这类牌戏

中，双方都必须努力叫到自己的最高限度，只有叫到并做成，才能作为计算进局之用。

1925年，范德比尔特设计了成局、满贯、局况等计分方式，制定了定约桥牌规则。在一艘由洛杉矶去哈瓦那的船上，他请同行的乘客共同检验他的规则，并最终确立了定约桥牌计分表。

1958年8月世界桥牌联合会于挪威成立。定约桥牌正式成为世界性的智力运动。2002年，桥牌被列入奥林匹克体育比赛项目。西欧、北美许多国家都把桥牌列为高中学生必修科目。英国、法国也提倡把桥牌像其他体育、音乐一样列入学校课程。

竞叫桥牌的问世

1904年，竞叫桥牌问世，打法依旧，但增加了叫牌过程，即通过叫牌达成定约，并规定定约方庄家的同伴须亮出所持全部13张牌。

定约完成由庄家一人掌握，明手无权过问。定约不一定在一副牌中叫成局，可以累计基本分，只要能打够100墩分，即为一局。

竞叫桥牌不合理之处在于打叫不一致，输赢论定主要在于牌的因素，不在技术的发挥，因此投机性强。

同时，加倍、再加倍可无限性循环，有损它作为文体活动的积极意义。针对上述情况，美国著名桥牌手范德比尔特在竞叫桥牌的基础上，创造了定约桥牌的现代形式。

据说，"有局方"一词是根据中国牌的玩法提出来的。经过许多次验证，范德比尔特最后确立了定约桥牌计分表。这个表的大部分内容延用半个世纪毫无改变，说明它具有科学性和权威性。

精确叫牌体系

美籍华人魏重庆先生对桥牌的最大贡献在于创立了精确叫牌体系。魏重庆先生早年毕业于上海交通大学电子工程系，他以其扎实的数理基础、超人而深邃的洞察力发现，可以用这些数学理论建立一套

科学的叫牌体系，使得各种水平的牌手可以迅速地提高叫牌的准确性。也正因为这一特点，魏先生把它命名为精确制。

一个梅花的开叫品的点力不得少于16个大牌点，这是精确制的基本核心，这一叫品的确立是有科学根据的。魏重庆先生发现，一家取得16点以上的机会比17点以上的机会大很多。

同时也使其他限定性开叫的点力范围缩小到11至15点之间，因此有利于叫牌的准确性。精确制的优势在于能够使牌手迅速而又准确地寻找到最佳的约定，能够毫无障碍地叫到局。

在国际最高水平的比赛中，由于桥手的牌艺十分高超，因而在叫牌和打牌中失误较少。因此，叫牌体制的先进与否直接影响到比赛的结果。然而精确制的诞生并非是一帆风顺的，许多桥牌专家固步自封、自以为是，总是以为自己的叫牌方法是无懈可击的、最高级的。

当魏先生第一次把精确制带到俱乐部里给专家们使用时，遭到了婉言谢绝，没有人愿意使用一个非专家创造出来的叫牌体系。

但是，魏先生并不灰心，他以非凡的自信心和卓越的组织才能向全世界证明，他所孕育、诞生的"婴儿"不是丑小鸭，而是超群出众的"白天鹅"。

他投入了大量的精力、时间和财力，终于，他带领由他培养训练出来的使用精确制的年轻台北牌手击败了欧美列强，两次问鼎百慕大杯。

桥牌的特点与基本知识

桥牌的特点

1.打桥牌的乐趣主要在于少靠运气、多凭智慧而赢牌

在打牌过程中,要运用很多数学、逻辑学的知识,计算和记忆能力在桥牌中也非常重要。

2.桥牌对于改善人际关系和协调、配合能力大有益处

我们不难理解"桥"字在桥牌中的重要,打好桥牌必须在搭档之间密切合作、齐心协力,才能实现目标。

3.桥牌的基本过程类似于签订合同的全过程,所谓定约在英语中就是"合同"之意。

投标、竞标,双方讨价还价,最后由一方签得合同,然后此一方为完成合同任务而制定计划,而另一方则为其设置障碍,阻止其完成计划。多劳多得和尽量减少损失等原则在桥牌中体现得非常充分。

4.桥牌的趣味性还在于打桥牌时运气的成分不可避免,有时对手还会对你实施心理战术

如果仅就一副牌而言,高手也不敢狂言一定赢初学者。另外,牌手在经过精密的计算和判断之后,以某种高级打法,如投入、挤牌等完成了有难度的定约,那种快慰和兴奋是不言而喻的。

5.桥牌当然还是一种高雅、文明的游戏,也有人称桥牌是"无声的战争"。

桥牌的基本知识

1.发牌

择座以后，将扑克牌除去、大小王后的52张交给左手一家洗牌，再交给右手一家切牌，完成这两道手续以后，开始发牌。

发牌是从左手一家起，按顺时针方向分发的。以北为例，第一张发给东家，然后南、西，最后自己。

2.牌型

每一家发到的13张牌会分布成各种各样的牌型，以黑桃、红心、梅花、方块花色为序，它们是：

（1）3-5-2-3；

（2）4-4-4-1；

（3）5-2-1-5；

（4）2-3-4-4牌型。

3.牌点

用于估价一手牌原始实力的叫牌点，每副牌有40个大牌点：A：4点，K：3点，Q：2点，J：1点。

在以后的叫牌过程中，加叫同伴的王牌，可计算牌型点如下：缺门加5点，单张加3点，双张加1点。

一般来说，综合两手牌的实力达25点者可望做成4H、4S 29点者（S：黑桃 H：红心 C：梅花 D：方块）5C或5D，33点者小满贯，37点者大满贯。

4.叫牌

它的内容比较复杂，这里只对叫牌术语作一些必要的解释。

（1）开叫

在叫牌过程中首先叫出具有具体内容的叫牌，如1H、2D、1NT等等。发牌者享有优先开叫的权利，够开叫实力时，应予开叫，否则不叫，"不叫"意味着把优先开叫的权利，顺序让给左方，左方如仍无实力开叫，可再次顺延，直至4个不叫。

（2）开叫者

首先叫出具体内容的叫牌者。

（3）叫

同伴开叫了，你有应叫实力，可应叫。

（4）定约

竞叫最后的合约为定约。定约能否完成，要经过打牌来检验，完不成定约叫做宕。

（5）再叫

任何作出实质性叫牌者，轮到第二次叫牌，叫作再叫。

（6）争叫

一方开叫后，另一方参与竞叫，称为争叫。

（7）打牌

分主打和防御两类。定约执行者是主打，守方则进行防御。主打的目的是要完成定约，防御的目的是击破这一定约。

桥牌的基本玩法

洗牌与发牌

打桥牌首先进行的是洗牌与发牌。四人择座以后，按顺时针方向轮流发牌，一般从北家开始。发牌者可将准备好的去掉王牌后的52张扑克牌洗几遍，交给右边一家切牌，然后发牌者将切好的牌一次一张分发给4个人，按顺时针方向从左边一家开始发牌，直到发完全副52张牌，共13轮，最后一张牌轮到发牌人自己。

此时每家的面前有13张面朝下放着的牌。在发牌过程中，发有明牌要重发，发错牌也要重发。

此外，在拿你的牌之前要等牌发完，这也是打桥牌的礼节。当以4人组成一队，进行队际复式比赛或其他比赛中，来场前可把预备要打的牌全部一次发好，放入牌盒内，以备比赛时用。

叫牌

完成洗牌和发牌以后，叫牌便开始了。发牌者优先开叫，他根据自己的牌可以叫也可以不叫。如不叫，就由他左边一家叫，这样依次往左就像发牌一样轮流进行。叫牌时应根据自己手中牌的内容，作出"不叫"或叫出一个数字，带花色或无将。

数字表示定约在赢6墩牌以上要赢的墩数，花色指将牌花色，无将的意思是指没有将牌花色。

当一家开叫后，任何一家可以根据花色类别的次序在更高别上争叫，只要在前一家同类墩数上叫更高一个数，或在更高一类花色或无将上叫同一墩数均可。

类别的排列如下：无将最高，然后是黑桃、红心、方块，梅花最低，所以叫一个黑桃比叫一个红心高，叫一个梅花比叫一个无将低，直到三家都不叫表示承认为止。

叫得最高的那个花色就是将牌花色或无将，而该级别的数字就是定约的水平，两者合称定约。

例如，叫1黑桃比叫1红心高，叫2梅花比叫1NT高。不同的花色级别在桥牌计分中也有区别，黑桃和红心称为高级花色，方块和梅花称为低级花色，在定约方完成定约时，高级花色比低级花色叫得的基本分要多，无将定约则更多。

叫牌的目的是使同伴之间互通牌情，以便找到最佳定约，或者干扰对方选择出最有利的定约，以此达到战胜敌方的目的。

局况

为了给游戏的双方创造较为复杂的形势，从而让牌手能够更好地发挥出自己的水平，桥牌活动特意设置了"局况"。有局的一方胜则多得分，败则多输分，而无局的一方则又可以利用败了输分少这一条件与对方竞争。

桥牌的有局和无局是人为规定的，不可变更，每副牌都有固定的牌号、发牌人、局况。通常，人们用"—"代表双方无局，NS代表南北有局，EW代表东西有局，B代表双方有局。

定约

所谓定约,是指经过叫牌最后由一方确定经另一方同意的一个叫牌级数协定。确定定约的一方称定约方,其宗旨是要完成定约;同意的一方称防守方,其目标是击垮敌方的定约。

定约分有将定约和无将定约两种。有将定约是确定某一花色为将牌,将牌除了可以在本花色中赢墩外,还可以将吃其他三门花色,前提是没有这个花色的话。

无将定约就是没有将牌的定约,其输赢只根据同一花色中的每一张牌的大小来比较。假如你没有这个花色,只好出其他花色,这称为垫牌,不论大小,都不能赢墩。

定约又分成局定约和不成局定约,定约分数满100分的,叫作成局定约,定约分数不足100分的,叫作不成局定约,两者的奖分和罚分都不一样。

加倍和再加倍

加倍是叫牌过程中经常出现的一个名词,它的原意为防守方的一家认为定约方的定约肯定会被己方击败,他就叫"加倍"以示惩罚。现在加倍的含义已经被引申为各种意义,不再单独作为惩罚而用。

如定约方对防守方所叫的"加倍"不以为然,相信己方仍有把握完成定约时,可叫"再加倍"来惩罚加倍方。

再加倍定约,定约方的得失分均按四倍,即基本分乘以4来计算。加倍的符号用"X"表示,再加倍的符号用"XX"表示。

加倍只可以对敌方的叫品进行,而再加倍只可以对敌方的加倍进行。加倍和再加倍与定约人的定约得失分密切相关,尤其是本来不够成局,即基本分不足100分的定约,加倍或再加倍后而达到成局时,得分相差会超过500分,失分相差一倍。因此使用加倍和再加倍都要特别慎重。

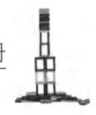

打牌

一个定约,无论是无将或有将,在叫牌时被确定之后,防守方位于庄家左手的一家称为首攻人,也就是由他打出第一张牌。首攻人的下家在首攻实现后将自己的牌全部摊开,按同花色摆成四列,此家称为明手。

明手的对家是庄家,又称定约人、暗手,他负责打明、暗两手的牌。明手出牌后,就轮到首攻人的同伴出牌,最后轮到定约人出牌。至此,桌上共有四张出过的牌,每家一张,称为一墩牌。

每家必须随出牌者出同花色的牌,如手中已无这种花色,则可用将牌将吃或垫掉一张闲牌,任何一张将牌都大于这种花色的牌。在一墩牌里,如果有将牌,则最大的将牌是赢牌。

第二轮的出牌由赢得第一墩的那家先出,其他仍按顺时钟方向出牌,直至13张牌全部出完。13墩牌打完后,定约人数清算实际所得的墩数,看定约是正好完成,还是超墩或宕掉。然后计算这副牌的得分,初学者可以先不学算分,通过查表获得。

桥牌与各学科的关系

桥牌是一项有益于身心健康的智力性体育竞赛项目。从定约桥牌创立以来，它以其趣味性和科学性吸引着无数桥牌爱好者。桥牌运动的本质是具有科学性的，同时也符合体育公平竞争的原则。桥牌与数学、逻辑、信息论、心理学等密切相关。特别是现代桥牌运动技术水平的飞速发展，各种叫牌体系不断地涌现，桥牌与自然科学的联系更加紧密了，科学训练也逐步提到日程上来了。

桥牌中的数学

桥牌中存在着许多简单而又有趣的数学问题，如每副牌为52张，每个人手持13张牌；每副牌有4种花色；每种花色为13张等。于是，52、13、4成为桥牌基本数字，判断桥牌牌力的简单方法是计算大牌点，A=4，K=3，Q=2，J=1。每副牌有4个A，4个K，4个Q，4个J，合计大牌点为40点，桥牌规定的基本墩数为6墩。只要你懂得简单的加减运算你就可以学桥牌，体会桥牌的乐趣。

桥牌中还存在着复杂高深的数学，52张牌4种花色，分为4组，每组13张，可以出现多少种分布呢？这是数学排列组合问题，它有28种组合。如果一个人每天看5000副牌，看完全部的变化需要30万亿年，可以说桥牌的变化是无穷的。

桥牌的分布情况则与数学概率关系密切。桥牌运动是盲视性智力运动，在打牌过程中，出牌方向是按顺时针走的。在打牌时判断牌情,特别是某张大牌的确切位置及某门花色的实际长度,是十分重要的。桥牌中的许多约定都不是必然能成的,赢宕处在一念之差。这也就是桥牌神秘诱人的地方。

桥牌高手能够迅速地对牌的分配作出概率分析,进而选择胜率较高的打牌路线或方案。在具有某些大牌组合的花色套中,往往存在着多种打法,这就需要对各种打法的成功概率有所了解,从而选择成功机会最大的打法,这也是坐庄技术中的基本功。

下面就一些常见的单套打法的成功概率作比较。例如:北持AQ32,南家持6254,要想在此单套牌组中取得2墩牌,有以下几种打法:

一种打法是由暗手出牌明手用Q飞,只要K在西手即可得2墩牌,这有50%的成功机会。

还有当这花色套为3—3分配时即使K在东手可得两墩。其概率 $\rho = 1/2 \times 35.5\% = 17.8\%$,因此,这种打法取得2墩的成功概率为 $\Sigma \rho = 50\% + 17.8\% = 67.8\%$。如果先打掉A,然后再由暗手引牌,当

西跟出小牌时明手出Q，则多一个打下东持单张K的机会。其概率 $\rho=1/6×14.5\%=1.2\%$。这种打法成功概率 $\Sigma\rho=67.8\%+1.2\%=69\%$。

还有一种打法是先拔A，然后明暗手都出小牌，送给对方一墩，最后由暗手出牌。如西跟出小牌时，明手出Q则增加了东持双张带K的成功机会。2—4分配的概率为48.45%。因此，这种打法总的成功机会为77.1%。它显然优于前面两种打法。

桥牌与逻辑学

桥牌与棋类运动的最大区别是在于桥牌属于盲视智力运动。牌手不单单靠计算，更重要的是靠逻辑推理。凯尔西在他所著《桥牌推理艺术》的序言中指出：

对于初学者来说，其所获的成果九成是靠资质，只有一成靠逻辑推理。对于一个已经具有某些有关的思维路线的较有经验的牌手，可大致估计为相等的一半逻辑推理和一半资质所构成。对于专家牌手，他或许会赞赏这种幻想，但他内心非常清楚，在他的成功之中，资质只起微乎其微的作用，他的桥牌技艺几乎完全建在逻辑推理之上。

由此可见，桥牌技艺的逐步提高的基础是逻辑思维能力的提高。桥牌中普遍存在有许多简单的逻辑命题，在打牌过程中合理地运用这些逻辑命题进行推理演绎，并指导自己的攻防战略和打牌路线，就会获得出乎意料的成功。逻辑学有许多原则，在桥牌桌上最普遍应用的逻辑论证方法，是古老的亚里斯多德的三段论，它是由大前提、小前提和结论三部分组成的。

桥牌与信息论

桥牌运动中充满了信息交换，叫牌过程的实质就是信息交换或表述过程。通过叫牌过程将自己的牌点与牌型告诉同伴，从而建立最佳

的定约。打牌过程也存在许多信号。有长度信号，欢迎信号，引导信号，将牌信号。

熟练地掌握和运用桥牌信号，对于牌手来说是最为重要的。例如，在叫牌中，每一叫品都有它的明确的真实含义。在不同的叫牌体系中，同一叫品有不同的含义。

对桥牌选手来说，正确的发出叫牌信号，和正确的理解叫牌信号内容都是十分重要的。牌手发出的信号，不仅是同伴知道，对方也能从中获得信息。利用这些信号，制订自己的叫牌和打牌的方案，是桥牌牌手智力对抗的基本内容。

叫牌信号是叫牌体系所规定的信号，不仅同伴理解，对手也会知道。把信号发出去，告诉同伴最为重要。因此，要严格地遵守叫牌体系规定，发出正确的信号。

如开叫信号有：不叫，表示13点以下，花色叫表示13点以上，所叫花色为5张以上；无将叫，13点以上，平均牌型。不遵守正规的叫牌体系的叫牌属于自由叫，正式比赛不宜采用的。

打牌信号不像叫牌信号有严格的限制，它是牌手实践经验的总结，在出牌过程有效地利用信号，对于防守方来说是重要的课题之一。如首攻信号、将牌信号、大小双张信号等。

防守方在出牌过程中，及时地表示出自己情况给自己的同伴常常是击败定约的关键。而坐庄的一方，通过这些信号的分析，采用正确打牌路线也是完成定约的要领。

NO4. 校园多米诺骨牌活动指导

多米诺简介与发展史

多米诺骨牌是一种用木制、骨制或塑料制成的长方形骨牌。玩时将骨牌按一定间距排列成行,轻轻碰倒第一枚骨牌,其余的骨牌就会产生连锁反应,依次倒下。

多米诺是一种游戏,多米诺是一种运动,多米诺也是一种文化。它的尺寸、重量标准依据多米诺运动规则制成,适用于专业比赛。

简介

多米诺骨牌游戏规则非常简单,将骨牌按一定间距的尺寸排成

单行，或分行排成一片。推倒第一张骨牌，其余发生连锁反应依次倒下，或形成一条长龙，或形成一幅图案，骨牌撞击之声，清脆悦耳，骨牌倒下之时，变化万千。

除了可码放单线、多线、文字等各式各样的多米诺造型外，还可充作积木，搭房子、盖牌楼、制成各种各样的拼图。

多米诺是一项集动手、动脑于一体的运动。一幅图案由几百、几千，甚至上万张骨牌组成。

骨牌需要一张张摆下去，它不仅考验参与者的体力、耐力和意志力，而且还培养参与者的智力、想象力和创造力。

多米诺是种文化，它起源于我国，有着上千年的历史，漫长的发展过程，赋予它独特的教育功能。在码牌时，骨牌会因意外一次次倒下，参与者时刻面临和经受着失败的打击。

遇到挫折不气馁，不退缩，要树立信心，鼓起勇气，重新再来。人只有经过无数这样的经历，才会变得成熟，最终走向成功。

多米诺骨牌是一项能培养人的创造能力、增强自信心、品位高雅的娱乐活动，而且不受时间、地点的限制，对开发参与者的智力、创造力和想象力，对训练参与者动手能力、思维能力都非常有好处，更重要的是，它能够培养参与者的意志，最大限度地发扬团队精神。

发展史

多米诺骨牌实际上是发源于我国古代的"牌九"。据记载，牌九在18世纪流传到意大利后，人们利用牌九上面的点数来做一些拼图游戏，后来一个意大利人好奇地把骨牌竖起来，逐渐发展成了原始的"多米诺"。

1849年8月16日，意大利传教士多米诺从中国回到阔别8年的米兰。他拿出一件又一件的礼物给家人，但他的女儿小多米诺只喜欢一套28张的骨制产品——牌九。

　　她的男友阿伦德是个性情浮躁的人，小多米诺就让他把28张牌一张一张竖起来，不许倒下，还要在规定时间内完成，如果不成功就限制他一周不许参加舞会！

　　经过七七四十九天的磨练，阿伦德终于变得性格坚强，做事稳重，让米兰人大吃一惊。

　　于是，传教士多米诺为了让更多的人玩上骨牌，制作了大量的木制骨牌，并发明了各种的玩法。

　　不久，木制骨牌就迅速地在意大利及整个欧洲传播开来，骨牌游戏成了欧洲人的一项高雅运动。

　　后来，人们为了感谢多米诺给他们带来这么好的一项运动，就把这种骨牌游戏命名为"多米诺"。

　　到了19世纪，多米诺已经成为世界性的运动。

　　在非奥运项目中，它是知名度最高、参加人数最多、扩展地域最广的体育运动。

多米诺骨牌的玩法

码牌

多米诺骨牌本身具有大约8种颜色，一般人们把它们称为"基本色"。这些基本色都是单色的，若要拼出美丽的图案，关键的一步是要为骨牌涂色。

涂色有两种方法：一种是用毛笔蘸颜料涂在骨牌上面，这种涂法多用于涂单色。有时候一枚骨牌上会要求有多种颜色，这时就要用一种叫作Poska的专用笔，涂出的实际上是一种漆料。最后在推骨牌之前，还要把骨牌竖起朝向外的侧面涂成较统一的颜色。

另一个关键步骤是码放。尽管有一些工具一下可码放十几枚骨牌，但很多地方的骨牌还是需要一枚一枚地操作，有时甚至需要用镊子等工具。

最原始的多米诺玩法仅仅是单线，比赛谁推倒得更多、更远。随后多米诺骨牌从单线向平面发展，人们开始利用多米诺骨牌组成一些文字和图

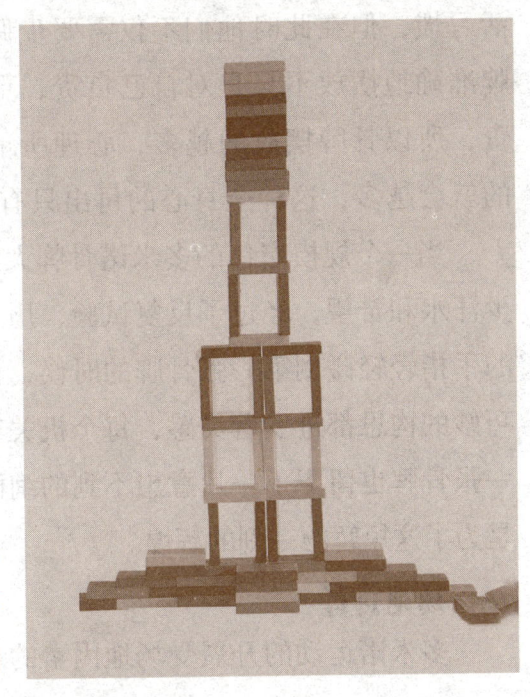

案。多米诺骨牌进一步向着立体层次发展，并且应用高科技成果，配以声、光、电的效果，使多米诺骨牌动力的传递具有了多种形式，同时，它的艺术性也增强了。

摆放多米诺骨牌的过程是非常辛苦的，一张张小小的骨牌要准确无误的摆放，需要极好的耐心和耐力。参与者基本上都采用"跪姿"操作以降低身体的重心，这其间只要有一张牌摆放的不到位就可能产生"不倒牌"而影响全局。真可谓一招棋错，满盘皆输。

当图案摆放好了以后，经常会因为失误或外来因素的干扰出现大面积"倒牌"现象。每到此时，参与者抚摸着红肿的膝盖，心里都到了崩溃的边缘，勇敢者只能擦干眼泪再次默默的"跪下"，这次"跪下"实际上是他们人生路上一次了不起的"挺立"，一种直面失败和挫折的"挺立"。

有一些大面积的特殊图案是需要多人合作来完成的。团结、协作的团队精神在这项活动中将体现的淋漓尽致。每个人都有不同的生活习惯，但在此时他们不仅需要步调一致，还须"色调"一致，骨牌准确地摆放不只是对自己负责，更是对别人的负责，对全局的负责，所以骨牌摆放的越多，心理所承受的压力就会越大，体力付出的就会越多，这种全身心的付出只有融入其中才能品出其味。

当一个规模宏伟的多米诺骨牌大局摆放好了以后，其间蕴含了多少汗水和希望，经过了反复试验，历经了多次"倒牌"。当那只颤抖的手指轻轻碰倒第一张骨牌的时候，惊心动魄的一刻便开始了，每个巧妙的构思都迸发着灵感，每个机关布局都折射出智慧，倒下去的每一张骨牌也留下了一片意想不到的绚丽。那曾经漫长、繁琐的艰辛就是为了这短暂的一刻的辉煌。

场地选择

多米诺运动的开展受场地因素的一些制约，但不会因为场地的限制而无法完成码放,举一个例子:我们的家里大都铺有地板砖,砖与砖之间有一道接缝,那么对于厚度5毫米以下的骨牌来说,这个接缝无形中就会对骨牌的码放造成一些困难,这种情况下我们就不能码放了吗?肯定是可以的,我们只需要变换一下骨牌就可以,骨牌的厚度大于接缝宽度就能够顺利码放了。

那么什么样的场地条件是最适合码放骨牌的呢?比如铺有地板的室内篮球馆、羽毛球馆、网球馆、室内健身操房等,这样的场馆都铺有无缝木地板,而且平整度非常好,非常适合骨牌的码放。有一些会议室、礼堂有很大的活动场地,而且地面平整,铺有小接缝或无接缝地板砖或大理石地面,这样的场地也可以开展多米诺活动。

多米诺的活动场地大都为室内,当然在室外也是可以开展的,在风和日丽的天气里大骨牌在室外就有了一显身手的地方,特大骨牌即使在草坪上也是可以码放的;小骨牌在室外也有可用的时候,在无风的天气里,如果地面允许当然也是可以一显身手的。

在一些特殊的场合,比如发布会、启动仪式的时候地面都铺有地毯,难道这样的条件就无法实现多米诺的摆放么?社会在发展,多米诺也在发展,在特殊的场合多米诺骨牌的码放就会使用特殊的道具,使其在地毯上也可以发挥自如。

既然地毯上可以码放任何大小的骨牌,那么在家里也可以码放任意大小的骨牌,比如我们第一段所讲到的例子,家里地板的缝隙太大,手里只有5毫米厚度的骨牌,我们该怎么办呢,我们可以用门窗密封胶带把缝隙粘起来,那么小骨牌就可以码放了。

图书在版编目（CIP）数据

校园牌技类活动指导手册 / 陈丽华编著. -- 长春：吉林出版集团有限责任公司，2013.11（2020.11重印）

ISBN 978-7-5534-3305-9

Ⅰ.①校… Ⅱ.①陈… Ⅲ.①文娱性体育活动—青年读物②文娱性体育活动—少年读物 Ⅳ.①G892-49

中国版本图书馆CIP数据核字（2013）第226927号

校园牌技类活动指导手册

陈丽华 编著

出 版 人：齐　郁
责任编辑：孙　婷
封面设计：大华文苑（北京）图书有限公司
版式设计：大华文苑（北京）图书有限公司
法律顾问：刘　畅
出　　版：吉林出版集团股份有限公司
发　　行：吉林出版集团青少年书刊发行有限公司
地　　址：长春市福祉大路5788号
邮政编码：130118
电　　话：0431-81629800
传　　真：0431-81629812
印　　刷：北京兴星伟业印刷有限公司
版　　次：2013年11月　第1版
印　　次：2020年11月　第3次印刷
字　　数：158千字
开　　本：710mm×1000mm　1/16
印　　张：12
书　　号：ISBN 978-7-5534-3305-9
定　　价：35.00元

版权所有　翻印必究